Wunibald Müller

Dreißig Stufen zum Paradies

Ein spirituelles Lebensprogramm

Wunibald Müller

Dreißig Stufen zum Paradies

Ein spirituelles Lebensprogramm

echter

Bibliografische Information der Deutschen Nationalbibliothek
Die Deutsche Nationalbibliothek verzeichnet diese Publikation in der
Deutschen Nationalbibliografie; detaillierte bibliografische Daten sind
im Internet über ‹http://dnb.d-nb.de› abrufbar.

© 2010 Echter Verlag GmbH, Würzburg
www.echter-verlag.de
Umschlag: Seitenwind, Regensburg (Foto: © veer)
Satz: Hain-Team, Bad Zwischenahn (www.hain-team.de)
Druck und Bindung: Friedrich Pustet, Regensburg

ISBN 978-3-429-03296-8

Inhalt

Vorwort

Johannes Klimakus, der Verfasser des Werkes *Die Leiter zum Paradies oder: Worte des Lebens, wodurch eifrige Seelen zur christlichen Vollkommenheit geleitet werden*, lebte im 7. Jahrhundert über viele Jahrzehnte in einer Einsiedelei in der Wüste Sinai. Im hohen Alter wurde er zum Abt des St.-Katharinen-Klosters im Sinai ernannt. In dieser Zeit verfasste er sein Werk. Darin benennt er dreißig Stufen – in Anspielung an die dreißig Jahre des verborgenen Lebens Jesu –, die es zu bewältigen gilt, um am Ende im Paradies anzukommen.

Dreißig Stufen zum Paradies. Man könnte sich denken, dass ist doch keine große Sache und bei entsprechendem Training leicht zu bewältigen. Doch Vorsicht. Was Johannes Klimakus hier vorschlägt, ist keine leichte Kost. Es ist eigentlich ein Lebensprogramm und mit viel Ausdauer und Disziplin verbunden. Einmal meine ich die nächste Stufe erstiegen zu haben, um im nächsten Moment die Erfahrung zu machen, dass ich einige Stufen zurückgefallen bin.

Der Aufstieg zum Paradies, zum Glück oder auch zur Herzensruhe geht nur vom Ideal her gesehen von einer Stufe zur anderen, immer höher. Es ist aber in Wirklichkeit ein Aufsteigen und Absteigen. Ein Innehalten. Manchmal ist der Aufstieg begleitet von einem großen Elan, dann wieder ist er verbunden mit großen Mühen bzw. Niedergeschlagenheit und Zeiten, in denen man am liebsten aufgeben möchte.

Doch das sollte uns nicht entmutigen, sondern vielmehr anstacheln, das Paradies vor Augen, uns immer wieder erneut auf den Weg zu machen. Die Sehnsucht nach dem Paradies, „die Sehnsucht, Gott anzuhangen" und in ihm zu ruhen, ist ja die Triebfeder, die uns nicht ruhen lässt, bis wir, wie es Augustinus so schön formuliert hat, Ruhe finden in Gott.

Der geschätzte Johannes Klimakus feuert uns jedenfalls an, den ersten Eifer stets in derselben Glut zu bewahren. Doch er gesteht uns auch zu, dass wir manchmal in unserem Eifer erlahmen, um uns dann wieder aufzumachen, „das Feuer zu vergrößern, die Wärme zu vermehren, unseren Eifer und unser Verlangen nach dem Himmel immer lebendiger zu machen" (34).

Wenn ich von Himmel spreche, dann meine ich den Bereich, in den wir nach christlicher Vorstellung nach unserem Tod einkehren dürfen. Spreche ich vom Paradies, dann ist das so etwas wie Himmel auf Erden oder jetzt schon etwas vom Himmel schmecken zu dürfen.

So sind die dreißig Stufen auf der Leiter zum Paradies keine dreißig Tipps, die es zu befolgen gilt, um glücklich zu werden. Es sind vielmehr Ermutigungen, gängige Vorstellungen von Paradies und Glück aufzusprengen. Sie wollen dazu einladen, das Schwarzbrot des Alltags zu essen, das heißt zum Beispiel verzichten zu können, nicht im Mittelpunkt stehen zu müssen, Leidenschaften zuzulassen, ohne von ihnen beherrscht zu werden. Es geht dabei um ein Lebensprogramm, das anstrengend sein kann, weil es von uns abverlangt, immer mehr das Kreisen um uns selbst aufzugeben, den Einflüssen von außen zu entsagen, um so immer mehr von innen heraus, beeinflusst von den

Einflüsterungen Gottes, unser Leben zu gestalten. Dann aber werden wir mit der Zeit, von Stufe zu Stufe, immer mehr in eine Erfahrungswelt hineingeführt, die uns Glück, Freude, Paradies als Herzensruhe erfahren lässt.

Wenn Sie, werter Leser, werte Leserin, Lust haben, mich bei diesem Aufstieg zum Paradies zu begleiten, lade ich Sie herzlich dazu ein. Auch weil es sicher gut ist, mit einigen zusammen den Aufstieg zu wagen. Denn, so Johannes Klimakus, „wehe dem, der allein ist, sagt der Prediger; wenn er in Trägheit oder Schlaf, Lauigkeit oder Verzweiflung fällt, ist niemand da, der ihn aufrichtet" (34).

Es liegt an uns, für welchen Weg wir uns entscheiden. Ob unser Weg zum Himmel führt, erfahren wir erst, wenn wir uns auf den Weg machen. Manchmal wird man daher auch zwischendurch feststellen müssen, dass man den falschen Weg beschritten hat. Ich habe aber keinen Zweifel daran, dass der beschriebene Weg zum Paradies führen wird, jede einzelne Sprosse, die ich auf der Leiter zum Paradies hinter mich gebracht habe, mich dem Paradies, der Herzensruhe, näher bringt. Was uns freilich nicht davon abhalten mag, immer wieder auch zu zögern oder zunächst einmal einige Stufen wieder zurückzugehen. Oder dass Zweifel, andere Wünsche und Leidenschaften, vielleicht auch Triebe und Süchte, uns ablenken und zurückhalten, bis wir uns schließlich wieder neu aufmachen und den mühevollen Aufstieg auf der Leiter zum Paradies fortsetzen.

Je mehr ich mich mit Johannes Klimakus befasst habe, desto mehr meine ich bei ihm ein Lebensprogramm zu entdecken, das in vielem total dem entgegenläuft, was gängigerweise auch als Selbstverwirklichung propagiert wird. Dabei handelt sich nicht um ein Programm gegen

Selbstverwirklichung. Es ist vielmehr eine Korrektur und Ergänzung gegenüber einem Verständnis von Selbstverwirklichung, das sich an dem Motto *I do my own thing – Ich lebe mich aus* orientiert. Bei Johannes Klimakus werden vielmehr Potenziale von uns angesprochen, die brach, ungenutzt bleiben, solange wir uns nur ausleben.

So verstehen sich auch die Aussagen, die ich von den Beschreibungen des Johannes Klimakus ableite, als spirituelle Anregungen, die uns weiterhelfen können bei der Bewältigung unseres Alltags und in unserer Sehnsucht nach Herzensruhe und letztlich nach Gott. Sie sind eine Einladung dazu, unser Leben in die Hand zu nehmen, es zu gestalten und dabei immer mehr selbst zu Kapitänen unseres Lebens zu werden, ohne dabei den Blick zum Himmel zu vergessen. Im Buch Genesis (28,12) heißt es von Jakob – und dieser Text dient ja auch Johannes Klimakus als Grundlage für seine Himmelsleiter zum Paradies –, dass er im Traum eine Leiter sah, „die auf der Erde stand und die bis zum Himmel reichte". Das aber heißt: Es geht nicht darum, die Erde zu verlassen, unser Menschsein und Menschwerden außer Acht zu lassen. Es geht darum, die Möglichkeiten für unser Menschsein und Menschwerden zu nutzen, die sich auftun, wenn wir uns am Himmel ausrichten; wir die Leiter, die auf der Erde steht und bis zum Himmel reicht, besteigen, angetrieben von einem Verlangen, einer Sehnsucht, die uns nicht ruhen lässt, bis wir die Seelenruhe gefunden haben, wir ruhen in Gott.

Die ursprünglichen Adressaten sind für Johannes Klimakus Mönche. Ihm geht es darum, die Welt zu transzendieren, uns empfänglicher zu machen für die Welt der

Ewigkeit. „Es hat zu tun mit einer Vision von Wirklichkeit, die uns von den Sinnen hinsichtlich ihrer weltlichen Funktionen befreit, so dass wir wieder die tiefere, verborgene Bedeutung der Wirklichkeit wahrnehmen" (Eudes Bamberger 2008, 49).

Wir müssen keine Mönche werden. Wir können aber von den Mönchen lernen. Wir müssen mit dem einen Bein voll im Leben stehen, uns der Wirklichkeit unseres äußeren Lebens stellen, unseren Alltag bewältigen, unserer Verantwortung gegenüber unserer Gemeinschaft, unserer Familie, unserer Gesellschaft nachkommen. Zugleich trägt es aber zu einer Bereicherung unseres Lebens bei, wenn wir neben dem äußeren Leben beziehungsweise zusammen mit ihm ein inneres Leben führen, das uns, dem monastischen Leben vergleichbar, einen Zugang zu der tieferen, verschollenen Wirklichkeit unseres Lebens ermöglicht.

So soll die Leiter, die uns zum Paradies führt, auch als eine Leiter verstanden werden, die uns immer tiefer hineinführt in die verborgene Wirklichkeit unseres Lebens, uns empfänglicher und sensibler macht für die unsichtbare Welt, um jetzt schon einen Vorgeschmack des Himmels verkosten zu dürfen.

Da ich Sie in den folgenden Impulsen ganz persönlich ansprechen möchte, erlaube ich mir, Sie mit du anzusprechen. Die Zitate von Johannes Klimakus, die ich an den Anfang der einzelnen Kapitel stelle, stammen alle aus der Regensburger Ausgabe (1874) seines Werkes.

Heribert Handwerk vom Echter Verlag danke ich für die gute und inspirierende Zusammenarbeit.

Wunibald Müller

Zum Beginn des Aufstieges

*Christ ist der, welcher, soweit es einem
Menschen möglich ist, Christus
nachahmt in Gesinnung wie in Worten
und Werken und Gott liebt, insofern er
die natürlichen Dinge gebraucht, so weit
es ihm durch die Gesetze ohne Sünde
gestattet ist, und nicht versäumt, das
ihm mögliche Gute zu tun.*

Zunächst geht es darum, dass du dich dafür entscheidest, die Leiter, die zum Paradies, zur Herzensruhe, führt, zu besteigen. „Unser Gott hat in seiner unbegreiflichen und unendlichen Güte allen von ihm erschaffenen vernünftigen Wesen das Vorrecht verliehen, sich nach eigenem freien Willen bestimmen zu können" (22).

Zugleich aber ist niemand davon ausgeschlossen. Denn: „Gott ist das Leben Aller, die Vernunft und Freiheit haben. Er ist das Heil aller Gläubigen und Ungläubigen, der Gerechten und Ungerechten, der Frommen und Gottlosen, der Unschuldigen und Lasterhaften, der Kloster- und der Weltleute, der Gelehrten und Ungelehrten, der Gesunden und der Kranken, der Jungen und Alten, das Heil, an dem Alle gemeinschaftlich Teil haben an dem einströmenden Lichte, an dem Anblicke der Sonne und an dem Wechsel der Zeiten, denn bei Gott ist kein Ansehen der Person" (24).

„Die heiligen Tugenden lassen sich mit den Stufen der Leiter Jakobs vergleichen, die schändlichen Laster aber mit der Kette" (153), mein Johannes Klimakus. Die heiligen Tugenden führen von der einen Stufe zur anderen und heben den, der sie befolgt, in den Himmel, die Laster aber blockieren sich gegenseitig.

Also folge den Tugenden! Je mehr du ihnen folgst, desto leichter wird der Aufstieg ins Paradies, desto früher wird sich die ersehnte Herzensruhe einstellen.

Entsage und ziehe dich zurück

> *Wir sind mit Geschäften überhäuft, die uns nach Außen ziehen, wann können wir zu einem einsamen innerlichen Leben kommen? Ich sage: Tut alles Gute, was euch zu tun möglich ist. Tut ihr das, so seid ihr nicht mehr fern vom Himmelreiche.*

Die erste Stufe der Leiter, die zur Herzensruhe führt, besteigt, wer wieder wird wie die Kinder. „Bei den Kindern findet man keine Bosheit und Hinterlist, ihre Begierde und ihr Magen ist nicht unersättlich, ihr Leib nicht zu unreiner Liebe entflammt" (27).

Wieder werden wie die Kinder meint, das Leben nicht nur von äußeren Maßstäben wie Erfolg, Reichtum, Macht her zu gestalten und zu bewerten. Es meint weiter, zu einer Weisheit zurückzufinden, von der es bei Jesus Sirach (1,14) heißt: *Die Weisheit wird dem Getreuen im Mutterschoß anerschaffen.*

Das kann heißen, unser technisches, von Vernunft und Intellekt bestimmtes und gefülltes Wissen um die Offenheit für das „Wissen" der ewigen Wahrheit zu ergänzen. Zu werden wie die Kinder kann weiter heißen, zu jener Ursprünglichkeit zurückzufinden, die es uns ermöglicht, mit der nach wie vor in uns deponierten natürlichen Weisheit wieder in Beziehung zu treten.

Abraham Cook vergleicht die Wiedergewinnung dieser Fähigkeit, Dinge zu sehen, wie wir sie als Kinder sehen konnten, mit der Kohle, die, wenn sie glüht, die Energie freisetzt, die sich in ihr zur Zeit ihrer Entstehung ansammelte. „Neue Weisen des Sehens entstehen aus der Weisheit, die im Schoße der Mutter in uns geformt wurde" (in: Newell 2000,27).

Entsagung und Verzicht sind also angesagt: der Verzicht darauf, allein der Weisheit der Welt zu trauen; der Verzicht auf Boni; der Verzicht auf Ehrenstellungen; der Verzicht auf Macht und Reichtum; der Verzicht auf zu viel Essen und Trinken; der Verzicht auf Sex, dem es an Liebe und Respekt mangelt. Alles Dinge, die wir oft mit einer Selbstverständlichkeit für uns beanspruchen.

Das klingt zunächst nach alten Losungen und Forderungen, die man längst oft mit Recht hinter sich gebracht hat, weil hinter ihnen eine negative Einstellung zur Welt oder eine ungesunde Lebensverachtung standen. Erst wer im wohlgemerkt freiwilligen Verzicht eine Tugend entdeckt, die ihn näher an sein inneres Leben heranbringt, die eine neue Einstellung zum Leben, ein bewussteres Leben ermöglicht, wird zwar auch dann den Verzicht als schmerzvoll erfahren, zugleich aber auch zumindest anfanghaft ein Interesse daran finden und die Lust dazu spüren, die erste Stufe der Leiter zum Paradies zu besteigen.

Du wirst, wenn du bereit bist, dich zurückzuziehen von dem, was dich in deinem äußeren Leben beeinflusst, manchmal vielleicht sogar beherrscht, mit Seiten von dir in Berührung kommen, die du zugedeckt hast. Du wirst wieder mehr dich selbst spüren. Deine wirklichen Wünsche und Sehnsüchte. Den Ort, wo dich „inmitten von Versuchungen, Fallstricken und Beunruhigungen selige Ruhe" (24) umgibt. Herzensruhe.

Dabei ist es wichtig, nicht aus Angst und Furcht auf etwas zu verzichten; dem zu entsagen, was dich innerlich unfrei sein lässt. Derjenige, der sich aus Furcht vor dem, was ihn bisher äußerlich bestimmt hat, zurückzieht, „ist brennendem Rauchwerk ähnlich, welches zuerst süße Wohlgerüche verbreitet, dann aber sich in Qualm auflöst" (28). Wer aber aus Liebe zu Gott sich zurückzieht, „der empfängt gleich am Anfang eine himmlische Flamme, die, wie ein in den Wald geworfenes Feuer, sich immer heftiger entzündet und zu einem großen Brande anwächst" (28).

Also: Wage, die erste Stufe hochzugehen! Lasse dich dabei entzünden und anstacheln von der himmlischen Flamme! Dann geht es leichter – auch bei der nächsten Stufe.

Gönne dir immer wieder eine Zeit des Rückzuges.
Lasse dich nicht zumüllen durch Werbung und Einflüsse,
die deiner Seele schaden.

Lasse los und komme mit deinem Kerndasein in Berührung

Denen, die auf dem Meer des geistlichen Lebens fahren, ist wohl bekannt, dass der Hafen Rettung bieten, aber auch Gefahr bringen kann. Es ist ein trauriger Anblick, wenn man sieht, dass die, welche dem offenen Meere entrannen, noch im Hafen Schiffbruch erleiden.

Johannes Klimakus findet harte Worte, um die zweite Stufe zu beschreiten. Zunächst klingt das nach totaler Weltverachtung. Und nimmt man seine Worte wörtlich, dann spricht aus ihnen auch Weltverachtung: „Wer den Herrn wahrhaft liebt und wahrhaft das Reich Gottes sucht, der liebt in diesem Leben nichts mehr und ist um nichts mehr bekümmert und besorgt, weder um Geld noch Gut, weder um seine Eltern noch um die eitle Ehre des Lebens, weder um Freunde noch Brüder, kurz das Vergängliche und Irdische beschäftigt ihn nicht mehr, er legt vielmehr jede Begierde nach solchen Dingen ab, verbannt jede Sorge um sie und hasst außerdem seinen eigenen Leib" (35).

Da sträubt sich zunächst alles in einem – und das mit Recht. Ich kann seine zweite Stufe zum Paradies, zum Glück, zur Herzensruhe, mitgehen, wenn ich darunter verstehe, mich von den irdischen Dingen nicht bestimmen zu lassen. Mein Glück, meine Sinnerfüllung nicht von diesen oder jenen Dingen oder auch von bestimmten Menschen abhängig zu machen. Ich finde es wichtig, voll im Leben zu stehen und auch die schönen Dinge in unserem Leben zu würdigen und zu genießen. Etwas vom Himmel jetzt schon zu kosten.

Doch das muss und sollte dich nicht davon abhalten, in eine innere Distanz zu Dingen und Menschen treten zu können. Nie zu vergessen, dass wir vergänglich und sterblich sind. Du vergisst dann nicht den Blick zum Himmel, von dem du Hilfe erwartest. Du kannst mit Johannes Klimakus mit Blick auf Gott sagen: „Dir hängt meine Seele an."

Wie oft bin ich schon Menschen begegnet, die meinen, ohne den Beruf, ohne diesen Erfolg nicht leben zu können. Oder Menschen, deren unsterbliche Liebe nicht erwidert wird und die glauben, ohne den anderen Menschen nicht leben zu können, und darüber fast verzweifeln. Die zweite Stufe auf der Leiter des Paradieses zu besteigen kann daher für dich heißen, mit deinem Kerndasein in Kontakt kommen.

Wenn ich aber aus meinem Kern lebe, dem, was übrig bleibt, wenn ich alle Schichten abgestreift habe, die ich nur anscheinend bin, lebe ich aus meinem Sein, dem, was ich wirklich bin. Dann gilt, was Irvin D. Yalom uns zuspricht: „Du bist nicht deine Karriere, du bist nicht dein herrlicher Körper. Du bist nicht Mutter oder Vater oder ein weiser Mensch oder ewige Krankenschwester. Du bist dein *Selbst*, dein Kerndasein. Ziehe eine Linie darum: Die anderen Dinge, die Dinge, die außerhalb der Linie sind, die sind nicht du; sie können verschwinden, und du wirst immer noch existieren" (2005, 98).

Wenn du dich auf dein Kerndasein besinnst, geht es dir nicht wie jenen, die Johannes Klimakus bei der Vorstellung der zweiten Stufe wie folgt beschreibt: „Sie wurden von eitler Ehre wie aus einer Pfütze bewässert, von Ruhmseligkeit gepflegt und von Menschenlob gedüngt; nachher aber, als sie in die Einsamkeit, auf einen dem Weltmenschen und dem schlammigen Wasser der eitlen Ehre unzugänglichen Boden verpflanzt wurden, vertrockneten sie sehr bald" (37). Wenn du dein Sein nicht von äußeren Dingen und Menschen abhängig machst, vertrocknest du nicht, wenn diese Dinge und Menschen dir nicht länger zur Verfügung stehen.

Du machst die Erfahrung, dass es in dir selbst eine Welt gibt, in die du dich begeben und in die du dich verankern kannst; es in dir einen Kern gibt, der mehr ist als das, was du äußerlich darstellst; es wichtig ist, immer wieder mit deinem Kern in Berührung zu kommen, von dort her dein Leben zu sehen und zu leben.

Komme mit deinem Kern in Berührung.
Du bist mehr als deine Karriere,
deine Beziehungen, dein Scheitern, deine Defizite.

Richte den Blick auf den Himmel in dir und über dir

Die Sehnsucht nach Gott verdrängt die Sehnsucht nach den Eltern.

Der Aufstieg nach oben geht steil aufwärts. Die Richtung, die Johannes Klimakus vorgibt, ist klar. Es ist nichts weniger als der Himmel. Weg vom Irdischen, hin zum Überirdischen. Dabei müssen beide Augen zum Himmel ausgerichtet sein, nicht etwa das eine zum Himmel und das andere zur Erde. Er verlangt einen radikalen Schnitt. Eine radikale Kehrtwendung. „Eine Widmung des Menschen an den Himmel" (40).

Für mich heißt das: eine Kehrtwendung nach innen. Die Leiter führt, so paradox das klingen mag, über den Abstieg in die Tiefe in die Höhe des Himmels. Johannes Klimakus geht es bei der dritten Stufe um „ein Denken in der Tiefe der Seele"; „einen Verzicht auf den Ruhm der Welt"; „einen Abgrund des Schweigens". „Die Zurückziehung aus der Welt ist die Mutter der Tugend, durch welche wir keinen Sinn für das Irdische haben" (42). Rückzug, Exil, um uns von allem zu trennen, was uns daran hindern könnte, um ganz auf Gott ausgerichtet sein zu können.

Es geht dabei um das, was der Tiefenpsychologe C. G. Jung die Person Nr. 2 nennt. Die Person Nr. 1 ist die Person, die ihren Platz in der Welt und in der Gesellschaft hat beziehungsweise sucht, im Unterschied zu der Person Nr. 2, die nach innen hört, ein reiches Innenleben führt, eintaucht in ihre Tiefe, wo sie mit ihrer Sehnsucht nach dem Grenzenlosen, dem Ewigen in Kontakt kommt. Die Pflege dieses inneren Lebens ist nicht weniger wichtig als die Pflege und Gestaltung des äußeren Lebens, ja nach Klimakus sogar wichtiger.

Der Kontakt mit Gott, die Pflege der Beziehung zu Gott, wird von der äußeren Person wahrgenommen etwa durch die Zugehörigkeit zu einer Religionsgemeinschaft oder einer Kirche, die Teilnahme an Gottesdiensten, das persönliche Beten. Allein die innere Person trägt dafür Sorge, dass der äußere Versuch, mit Gott in Kontakt zu kommen, zu einem inneren Geschehen wird, bei dem die Verbindung mit Gott innerlich erfahrbar wird. Wir jetzt schon in uns etwas von der Sehnsucht nach dem Himmel, hinter der letztlich die Sehnsucht nach Gott steht, anfanghaft erfahren dürfen. Diese Sehnsucht nach Gott aber verdrängt, so Johannes Klimakus, die Sehnsucht nach dem, was uns an Irdischem geschenkt worden ist, einschließlich unserer Eltern und Freunde.

So wirst du in der dritten Stufe auf der Leiter zum Paradies dazu aufgefordert, dich von der Sehnsucht nach dem Größeren, der Sehnsucht nach Gott, leiten zu lassen. Der Melodie zu folgen, die vom Himmel kommt. Alles zu vermeiden, was dich davon abhält, dieser Melodie zu folgen. Auch nicht von Überzeugungen, die dir einflössen, gebraucht zu werden, die anderen nicht im Stich zu lassen. „Wenn wir uns eine geringe Fähigkeit im Leben oder oberflächliche Kenntnisse erworben haben, so meinen wir, wir müssten nun zur Belehrung und Rettung der Welt in die Welt zurückgehen – ja, damit auf dem Meere wieder verloren gehe, was im Hafen gesammelt ist" (43).

Das alles könnte auch als Egotrip missverstanden werden, und die Gefahr, dass es zu einem Egotrip wird, besteht. Es geht dann nicht um Egotrip, wenn du dabei das für dich tust, was du für dich tun kannst, um deiner Sehnsucht nach Gott die Bahn zu brechen, um glücklich zu werden. Du nicht glaubst, das Heil und das Glück, gar die Erlösung der anderen hingen von dir ab. Du dich von Allmachtsphantasien frei machst, die dich letztlich von der Auseinandersetzung mit dir selbst abhalten.

Folgst du aber deiner Sehnsucht nach Gott, folgst du der Stimme deiner Seele, angefeuert von der göttlichen Flamme. „Beeile dich also, wenn du die göttliche Flamme erhalten hast, denn du weißt nicht, wann sie erlischt und dich in Finsternis lässt" (41).

Schenke deinem Innenleben genauso viel
Aufmerksamkeit wie deinem äußeren Leben.

Höre und gehorche

*Aus dem Gehorsam entsteht die Demut
und aus ihr die selige Ruhe des Geistes.*

Umgürte deine Lenden mit dem Schoßtuche des Gehorsams." Mit dieser Aufforderung lädt Johannes Klimakus dazu ein, die vierte Stufe auf der Leiter, die zum Paradies führt, zu besteigen. Man muss, um Johannes Klimakus zu verstehen und sich nicht von seinen drastischen Beispielen geleisteten Gehorsams abschrecken zu lassen, das Ziel immer vor Augen haben, Seelenruhe zu finden und Gott immer näher zu kommen.

Da heißt es bei ihm zum Beispiel: „Der Gehorsam ist das Grab des eigenen Willens" (41).

Letztlich geht es darum, das eigene Denken und Wollen dem Willen Gottes zu unterstellen. Dabei kommt dem Seelenführer nach Johannes Klimakus eine wichtige Rolle zu. Diesen gilt es, bevor du ihn dir als Begleiter wählst, mit aller Vorsicht zu prüfen und zu beobachten, „damit wir nicht einen gewöhnlichen Matrosen statt eines Steuermanns, einen Kranken für einen Arzt, einen sündhaften für eine sündlosen Mensch, das gefahrvolle Meer für den Hafen der Ruhe in unserer Unwissenheit wählen" (52).

Haben wir uns aber für einen Seelenführer entschieden, dann sollen wir „über unseren guten Lehrmeister nicht mehr zu Gerichte sitzen, selbst wenn wir an ihm – denn auch er ist ein Mensch – einige kleine Schwächen wahrnehmen" (52). Ihm sollen wir alle Dinge bekennen, unsere Verschuldigungen und Wunden, „denn Wunden, die man offen zeigt, werden dadurch nicht schlimmer, sondern vielmehr geheilt" (54).

Ob Johannes Klimakus mir zustimmt, wenn ich ihm sage, dass Gehorsam auch von Hören, sprich Zuhören kommt, weiß ich nicht. Für mich gehört das jedenfalls zum Gehorsam. Da hört jemand – zum Beispiel der Seelenführer und die Seelenführerin – mit mir hin, was Gottes Wille ist. Er nimmt sich die Zeit dafür. Ist wirklich daran interessiert, was Gott von mir will. Hält sich zurück, versucht nicht, mir seine Interessen schmackhaft zu machen usw.

Interessanterweise tauchen bei Johannes Klimakus in diesem Kapitel Begriffe wie „Glück", „Ewige Freiheit" und „Geistige Ruhe" auf. „Die sich dem Herrn in Einfalt des Herzens unterwerfen, wandeln auf dem Weg des Glücks" (54). Wer sich einmal dem Schicksal überlassen hat, der ist befreit, sagt viele Jahrhunderte nach Johannes Klimakus Hermann Hesse. Das aber heißt: *Du* entscheidest dich, Gott in der Einfalt deines Herzens zu unterwerfen. *Du* überlässt dich dem Schicksal. *Du* könntest dich auch anders entscheiden – und bleibst trotzdem dem Schicksal überlassen.

Überlässt du dich aber dem Schicksal, überlässt *du* dich der Führung Gottes, kehren selige Ruhe, Gelassenheit in dein Leben ein. Dann bist *du* „ruhig und gefasst (es ist das Schönste und wiewohl Seltenste) im Geiste inmitten der Sorgen und Verwirrungen" (71), die dich umgeben.

Ja, das riecht tatsächlich nach Glück. Also klettere weiter auf der Leiter, die zum Glück, zur Herzensruhe, führt.

Höre auf die Stimme deines Herzens.
Überlasse dich der Fügung Gottes.

Bereue und beweine deine Fehler

*Habet acht auf meine Worte, neiget
euer Ohr zu mir, wenn ihr Gott durch
eine wahrhafte Bekehrung wieder mit
euch versöhnen wollet.*

Hast du noch Lust, mich auf dem Aufstieg zu beglei-ten? Oder ist dir die Lust vergangen? Ich muss dich warnen. Was Johannes Klimakus als nächste Stufe beschreibt, ist harte Kost.

Es geht um die Buße. Die Älteren unter den Lesern mit einer katholischen Tradition im Hintergrund erinnern sich sicher noch an die Buße, die einem nach der Beichte aufgetragen wurde. „Bete zur Buße drei Vater unser und Gegrüßet seist du, Maria." Heute begegnet uns das Wort noch im Bußgeld, das wir zahlen müssen, wenn wir uns verkehrswidrig verhalten haben. Auf alle Fälle hat das Wort Buße einen faden Beigeschmack.

Und da will uns Johannes Klimakus die Buße schmackhaft machen. Doch auf den ersten Blick ist das, was er da zu sagen hat, schwer verdaulich. „Die Buße ist eine immerwährende innerliche Verurteilung seiner selbst" (101). „Ein Büßender ist der, welcher sich selber stets Kreuz und Leiden schafft. Die Buße ist eine wirksame Abtötung der sinnlichen Natur" (102). Doch auf den zweiten Blick registriert man, dass Johannes Klimakus es nicht bei der inneren Verurteilung belässt, sondern zugleich von der Buße auch „als sicherer Heilung, die jeder mit sich vornimmt" (101) spricht, sie die Tochter der Hoffnung nennt und sie als „fortwährende Besserung der Schäden unserer Seele" (102) preist.

Auffällig ist, wie oft Johannes Klimakus in diesem Kapitel von Tränen spricht. Über die Tränen bekommst du einen Zugang zur Buße. Es sind die Tränen, die geweint werden müssen, wenn du dich schuldig gemacht hast. Wenn du dich durch dein Verhalten ins Unrecht gesetzt hast. Die Tränen der Reue, weil es dir leidtut, ja vielleicht sogar weh tut. Es sind die Tränen, die verhindern, dass du erstarrst, in Depression, Apathie und Verzweiflung gerätst. Leistest du keine Bußtrauer – das ist seine Wortbildung –, macht dir dein Gewissen das Leben zur Hölle, überkommt dich „schreckliche Herzensangst" (104).

Lässt du den Schmerz zu, den du in dir – hoffentlich – spürst, weil du dich schuldig gemacht hast, trägst du damit dazu bei, dass in dir wiedergutgemacht wird, was in dir zerstört worden ist. Du lässt dich auf einen Prozess ein, der dich am Ende von der Last deiner Schuld befreit, so dass du wieder unbelastet leben kannst.

Jetzt wird deutlich, dass die Buße zur „Wiederbelebung der in der Taufe empfangenen Gnade" (101) werden kann. Eine Bekehrung mit ihr einhergehen kann, die zur Versöhnung mit dir selbst und dem Menschen, dem gegenüber du dich schuldig gemacht hast, und schließlich mit Gott führen kann. „Wenn ein Kind zu Tränen gerührt wird, nicht aus Furcht vor Strafen, sondern aus Reue, braucht es keine Züchtigung" (Horace Mann, in: Beck 2009, 55).

Johannes Klimakus steht nicht an, jene „für glücklicher zu halten, die nach ihrem Falle solche Trauer empfinden, als die, die nie gefallen sind, und solche Tränen nicht über sich vergießen. Ihnen ist ihr Fall der Grund zu einer seligen Auferstehung geworden" (113). Sie dürfen wieder erfahren, was sie so sehr vermissten, solange sie die Last ihrer Schuld nicht ernst nahmen, die Tränen der Buße nicht vergossen hatten: „die Zeit der früheren Tage, an denen mich Gott beschützte, als die Leuchte seines Lichtes über meinem Herz strahlte; die Reinheit und die kindliche Zu-

versicht, mit der wir beteten; die bitteren und doch so sü-
ßen Tränen; die Hoffnung der innersten Herzensfreiheit
und Keuschheit – die Erwartung seliger und heiterer Ruhe" (112).

Lasse Tränen der Reue
über gemachte Fehler zu.

Lebe mit dem Gedanken an deinen Tod

*Wie bewährte Väter versichern,
dass die vollkommene Liebe in keinen
Fehler fällt, so behaupte ich, dass die
vollkommene Betrachtung des Todes
keine Furcht kennt*

Bei der Betrachtung der sechsten Stufe wird mir Johannes Klimakus wieder sympathischer. „Wie das Brot die einfachste und zugleich die notwendigste von den Speisen ist, so ist der Gedanke an den Tod besser als alles, was wir tun können" (121).

Diese Lektion habe ich gelernt. Deshalb kann ich ihr auch nur voll beipflichten. Wenn du jeden Tag mit dem Tod lebst, wird die Angst vor dem Tod gebannt. Er ist dann nicht mehr weit weg von dir, gar – anscheinend – aus deinem Bewusstsein verdrängt. Er ist direkt bei dir. Bis dahin, dass er zu deinem Vertrauten und Freund werden kann. Das Bewusstsein um ihn, das Vertrautsein mit ihm erweitert dein Leben, macht es ganz. „Der ernste Gedanke an den Tod erzeugt eine wunderbare und unvergängliche Reinheit in Gesinnung und Handlung" (125).

Den Tod, der hinter allem Leben steht, der hinter unser aller Leben steht, gilt es nicht hinter einer riesigen, schweren Eisentür, die anscheinend undurchdringlich ist, zu verstecken. Es geht darum, ihm die Türe zu unserem Leben zu öffnen, ihn in unser Leben hereinzulassen. Ihm ins Angesicht zu schauen und mit ihm wie mit einem Freund zu leben, zu dem ich ein inniges und vertrautes Verhältnis unterhalte. Er kommt uns dadurch ganz nahe, verliert seine Kälte, das unheimlich Furchtbare, das ihm manchmal anhaftet. „Die vollkommene Betrachtung des Todes kennt keine Furcht" (123).

Die Auseinandersetzung mit deinem Tod und deiner Endlichkeit kann zu einer neuen Einstellung gegenüber deinem Tod führen. Der Tod wird zu deinem Gast. Den Tod als deinen Gast zu betrachten hilft dir, bewusster zu leben und bewusster zu sterben. Du vermagst dann mehr zu schätzen, was es bedeutet, leben und sterben zu dürfen. Das Andenken an den Tod erinnert dich daran, „alle eitlen Sorgen abzulegen, beständigen Gebeten zu obliegen und sorgfältig die Sammlung des Geistes zu bewahren" (121).

Mir hilft es am Beginn und Ende eines Tages, in Kontakt mit dem Tod zu treten. Kurz innezuhalten und mir bewusst zu machen, dass ich mitten in meinem Leben vom Tod umfangen bin. Der Tod zu meinem Leben dazugehört. Mein Leben auf den Tod zusteuert. Es geht mir dabei nicht darum, dadurch meine Stimmung zu drücken oder etwas Morbides zu umarmen. Im Gegenteil! Ich wage es, in die Sonne zu schauen, was man eigentlich nicht tun sollte und im übertragenen Sinne dennoch immer wieder tun soll, um die Erfahrung zu machen, dass ich den Blick aushalten kann. Wenn ich mit dem Tod lebe, „aus ganzem Herzen des Todes eingedenk bin" (121), dann macht mir der Tod keine Angst mehr.

So beginnt die ars moriendi – die Kunst des Sterbens, die Einübung in das Sterben, jetzt schon und nicht erst im Angesicht des unmittelbar bevorstehenden Todes. Sie besteht unter anderem und vor allem darin, im Tod den Bruder, den Begleiter, den Freund zu sehen und nicht den Feind, den Sensenmann. Ohne damit die auch schreckliche Seite des Todes zu verharmlosen, die bleibt. Aber sie sollte nicht die alles beherrschende Sichtweise sein, wenn es um den Tod geht.

Lässt du den Tod in dein Leben, dann lässt du mit ihm zugleich auch noch mehr Gott in dein Leben. Solange du den Tod aussperrst, sperrst du einen Teil von Gott aus deinem Leben. Im Leben mit dem Tod, fast möchte ich sagen: im Zusammenleben mit ihm, ist dir Gott näher.

Wird er wirklicher. Erfasst, erfährst du ihn tiefer. Du, dein Leben, dein ganzes Leben, zu dem auch dein Tod gehört, sind umfangen von Gott. Davon geht etwas Positives, Tröstendes, Liebevolles aus. „Wir können den gegenwärtigen Tag nicht auf Gott wohlgefälligerer Art hinbringen, wenn wir ihn nicht für den letzten unseres Lebens halten" (125).

Weiche den Gedanken
an deinen Tod und deine Endlichkeit
nicht aus.

Selig sind die Trauernden

*Die Trauer ist ein bestimmter und
anhaltender Schmerz der im geistlichen
Leben fortgeschrittenen Seele,
die Vorläuferin der seligen Ruhe.*

Die Trauer, von der Johannes Klimakus spricht, ist die ungestillte Sehnsucht nach Gott. „Die Gott wohlgefällige Trauer ist ein Kummer der Seele, eine betrübte Stimmung des Herzens, die immer mit glühender Inbrunst sucht, wonach sie dürstet, und mit höchster Anstrengung verfolgt und in ängstlicher Klage jammert nach dem, was sie nicht erreicht" (126).

Manchmal fällt bei Johannes Klimakus auch das Wort Zerknirschung anstelle von Trauer. „Die wahre Zerknirschung ist ein Schmerz der Seele, der von aller Selbsterhebung frei ist; er sucht keinen Trost irgendwelcher Art in der Außenwelt", sondern „harret auf die Tröstung, die Gott wie einen glühenden Trank reicht" (132).

Bei Johannes Klimakus geht es um die Trauer, die es auszuhalten gilt, die nicht vorschnell durch menschlichen Trost, vielleicht auch billige Vertröstung, aufgelöst wird. Es ist die Trauer, durch die man hindurchgehen muss. Die Trauer, die uns verwandelt. Sie bahnt uns den Weg in die Tiefe. Damit wir dort finden, was wir in der Außenwelt vergeblich suchen.

Wenn wir diese Trauer aushalten, werden wir am Ende belohnt. Gott selbst wird uns trösten. Das aber ist eine einzigartige, wunderbare Erfahrung, jetzt zeigt sich, dass die Zerknirschung, „die doch Trauer und Kummer genannt wird, einen inneren Schatz zur Glückseligkeit besitzt, der so süß ist wie Honig". Gerade darin liegt aber der offensichtliche Beweis, „dass eine solche Zerknirschung ein Geschenk Gottes ist; dann schwelgt die Seele in Wollust, wenn Gott im Verborgenen die trauernden und zerknirschten Seelen tröstet" (136).

Ein anderes Wort für diese Trauer wäre Melancholie oder auch Schwermütigkeit. Die Schwermut ist für den Theologen Romano Guardini ein Anzeichen dafür, dass es das Absolute gibt. Es gibt Menschen, die gerade wegen ihrer Schwermütigkeit in besonderer Weise dafür sensibel sind, „dass wir Wand an Wand mit Gott leben" (Romano Guardini 2003, 48). In der Schwermut meldet sich eine Ahnung des Unendlichen.

So begleitet uns die Trauer ein Leben lang, damit wir in unserer Sehnsucht nach Gott nicht erlahmen und immer wieder in den Genuss kommen, von ihm getröstet zu werden. Sie lähmt uns nicht, stachelt uns vielmehr an, hält uns in Bewegung und verursacht in uns eine Dynamik, die uns lebendig erhält. Sie lässt uns nicht bei unserer Unzufriedenheit stehen bleiben, sondern bietet sich als Eingangstür in unsere Tiefe an, über die wir schließlich Gott und seinem Trost näher kommen.

Wir mögen in unserem Leben keine Wunder gewirkt oder keine gelehrten Reden über göttliche Dinge gehalten haben, „wenn die Seele sich vom Leibe trennt", dann wird uns das nicht vorgehalten werden. Doch wenn wir auch nur einen Augenblick aufgehört haben zu trauern, müssen wir, so Johannes Klimakus, Gott gegenüber Rechenschaft ablegen.

So ist es besser, willst du auf dem Weg zum Paradies weiterkommen, deine Trauer nicht durch Ablenkungen zu ertränken, deine ungestillte Sehnsucht nach Gott nicht durch Ersatzbefriedigungen zu stillen.

Lasse dich von deiner Trauer und Schwermut
näher zu Gott führen.

8. STUFE
Mensch, ärgere dich nicht

> *Wie die Finsternis verscheucht wird,*
> *wenn die Sonne hervortritt, so wird alle*
> *Bitterkeit und Aufregung aus der Seele*
> *verbannt, wenn der sanfte Hauch der*
> *Demut die Seele anweht.*

Weiter geht es auf der Leiter zum Paradies. Das nächste Ziel ist nicht weniger als die Herzensruhe. In einem Hymnus im offiziellen Mittagsgebet der Kirche ist von Gott die Rede, der unbeweglich in sich ruht. Darum geht es: unbeweglich in sich ruhen.

Es beginnt mit „Schweigen der Lippen, während das Herz aufgeregt ist", und setzt sich fort mit dem „Schweigen auch der Gedanken, während die Seele nur in ganz leichter Bewegung ist". Die Vollendung ist „feste, unerschütterliche Ruhe beim Stürmen der Leidenschaften" (144).

Sanftmut, Gelassenheit sind die Worte, die Johannes Klimakus gebraucht. Die Gegenpole dazu sind Zorn als plötzliche Aufwallung des Herzens, die von keiner Dauer ist; Bitterkeit, die er als „Unbehagen und Verstimmung der Seele" beschreibt; Aufregung – ein „Schwanken des Charakters und das Zeichen eines schwachen Geistes".

„Wie die Finsternis verscheucht wird, wenn die Sonne hervortritt, so wird alle Bitterkeit und Aufregung aus der Seele verbannt, wenn der sanfte Hauch der Demut die Seele befallen wird" (144), schreibt Johannes Klimakus. Das soll dann dazu führen, „dass wir dem, der uns beleidigt hat, auch persönlich mit Ruhe und Heiterkeit entgegentreten und ihn sogar lieben" (145).

Was Johannes Klimakus schreibt, mag gerade bei dem psychologisch Geschulten Skepsis auslösen. Weiß er doch, wie viel unverarbeiteter Ärger und Zorn hinter angeblicher Sanftmut liegen kann, wie sehr nicht zugelassene oder einfach unterdrückte Gefühle umso destruktiver in einem Menschen ihr Unwesen treiben können. Doch wenn man genauer hinschaut, erweist sich hier auch Johannes Klimakus als ein Kenner der menschlichen Seele. So spricht er von jenen, „die durch Ruhe den falschen Schein um sich verbreiten, als hätten sie verziehen, im Herzen aber das bitterste Rachegefühl nähren" (146). Die hält er „für schlimmer und unglücklicher als die Wütenden, weil sie durch die schwarze Bitterkeit ihrer Seele all' ihren Glanz vernichten" (146).

Sanftmut und Gelassenheit sind keine Sanftmut und Gelassenheit, wenn sie Aufregung, Ärger, Wut, Zorn lediglich übertünchen. Wenn sie nicht wirklich in das Innere unseres Herzens und unserer Seele führen, durch alle die aufgebrachten Gefühle hindurch. Um dort in unserem Innersten die Einstellung zu finden, die stärker ist als Aufregung, Wut und Zorn: die Liebe, die freilich keine süßliche, aufgesetzte Liebe ist. Sondern eine Liebe, die, auch weil sie gespeist ist von der Energie, die dem Ärger und dem Zorn entzogen worden ist, so weit gehen kann, dass „wir dem, der uns beleidigt hat, auch persönlich mit Ruhe und Heiterkeit entgegentreten und sogar lieben" (145).

Lasse deinen Ärger zu,
ohne dabei die Liebe zu vergessen.

Verzeihe

Wer Rachsucht in sich nährt,
ist wie eine Schlange in der Höhle,
die ihr Gift überall mit sich herumträgt.

Gerne besteige ich mit Johannes Klimakus die 9. Stufe der Leiter, die zum Himmel führt. Kaum hat er mir bisher so sehr aus dem Herzen gesprochen wie in diesem Kapitel. Es geht darum, dem anderen wirklich verzeihen zu können. Nicht der Rachsucht zu erliegen, die angesichts erlittener Kränkungen unsere Seele vergiftet. Das Denken und innere Festhalten an erlittenem Unrecht ist wie „ein Wurm, der beständig an dem Geist nagt, ein Übel, das das Gebet verwirrt, das Flehen zu Gott unmöglich macht und dem Herzen die Liebe stiehlt, es ist ein Nagel, der tief in die Seele getrieben ist, ein Gefühl des Unmuts, das sich wohl gefällt in Bitterkeit" (153 f.).

Wer kennt das nicht bei sich selbst, wie sehr Kränkungen in uns Rachegelüste erwecken, den Wunsch, das Verlangen, es jenen heimzuzahlen, die uns verletzt haben. Und das ist nur zu verständlich. Alles in uns bäumt sich in voller Wut und Enttäuschung auf, will sich Ausdruck verschaffen. Liebe – zumindest das, was man dafür hält – kehrt sich um in Rachegefühle und Hass.

Ich kann das gut verstehen – und ich weiß das aus eigener Erfahrung –, wenn es manchmal eine recht lange Zeit dauert, bis diese Gefühle sich legen. Auch gibt es Situationen, bei denen das Verzeihen uns sehr schwer, kaum oder gar nicht möglich ist. Etwa bei Verletzungen durch Missbrauch oder andere brutale Verhaltensweisen, wenn Menschen so sehr an Leib und Seele Schaden erleiden, dass tiefe seelische Wunden, Traumata, zurückbleiben.

Was bei Johannes Klimakus fasziniert, ist der Perspektivenwechsel in der Sichtweise. Es geht nicht in erster Linie um den, dem du verzeihst. Sosehr das natürlich auch eine Rolle spielt. Es geht aber zunächst um dich. Wer die

„Rachsucht in sich nährt, ist wie eine Schlange in ihrer Höhle, die ihr Gift überall mit sich herumträgt" (155). Wer dagegen die Rachsucht aus seinem Herzen austilgen kann, der entgiftet sich, entlastet sich selbst. Er befreit sich von den Ketten, die ihn davon abhalten, auf den Stufen, die zum Paradies führen, höher zu klettern.

Jetzt kann – wieder – seine Liebe fließen. „Der Tisch der Liebe hebt den Hass auf" (154). Er erzeugt Freundschaft. Das alles braucht seine Zeit und ist mit viel Mühen verbunden, einem „gewaltigen Kampf" (155). Bis schließlich aus dem Hass Feindesliebe wird. „Du nicht nur für den, der dich beleidigt hat, betest oder ihm Gefälligkeiten erweist oder ihn zu Tische ladest, sondern ... im Falle, dass ihn ein geistiges oder körperliches Missgeschick getroffen hat, solchen tiefen Schmerz empfindest und solche Tränen weinst, als wenn du selbst davon betroffen wärst" (155).

Das ist ein gewaltiger Kraftakt, bei dem du auch an deine Grenzen stoßen wirst. Aber es ist vor allem auch ein Befreiungsakt für dich selbst. Du übersteigst dich selbst. Du transzendierst dich selbst. Du machst dabei Platz für deine bisher zurückgehaltene, deine in Ketten gelegte Liebe und die Liebe Gottes. Einer Liebe, die größer und stärker ist als alles.

Jetzt bist du frei für die nächste Stufe, die dich dem Paradiese näher bringt.

Habe den Mut, wo es geht zu verzeihen.
Du tust damit auch dir einen Dienst.

Rede nicht schlecht über andere

*Das freventliche Urteil ist ein
schamloser Eingriff in die göttliche
Würde,
die Verurteilung des Nächsten aber der
Untergang der eigenen Seele.*

Bei der nächsten Stufe auf der Leiter zum Paradies merkt man, dass Johannes Klimakus mit unseren menschlichen Schwächen bestens vertraut ist. Dazu zählt unbestritten der Hang, schlecht über andere zu reden. Das kann ein Herziehen über andere sein, sich aber auch bis hin zu übler Nachrede über andere steigern, die dem Betreffenden erheblichen Schaden einbringen kann. „Die böse Nachrede ist eine Tochter des Hasses, eine schleichende Krankheit, ein starker, aber verborgener und versteckter Blutsauger, der alles Blut der Liebe aussaugt und verzehrt; er versteckt sich unter dem Schein der Liebe, beschmutzt und verhärtet aber das Herz" (157).

Wer selbst Opfer übler Nachrede geworden ist, weiß, wie gering oft die Möglichkeiten sind, sich zu wehren. In diesen Bereich fällt auch das Mobbing, bei dem üble Nachrede oft im Spiel ist. Auch Gerüchte, die von der Presse über jemanden in die Welt gesetzt werden und dazu führen können, dass der gute Ruf eines Menschen, gar seine gesellschaftliche oder berufliche Existenz gefährdet ist, gehören dazu. Mancher Klatsch lebt geradezu davon, andere in ein schlechtes Licht zu stellen, indem schlecht über sie geredet und negativ über sie geurteilt wird.

Johannes Klimakus beschäftigt sich vornehmlich mit dem Täter. Nachdem er ihm ins Gesicht sagt, dass er sich selbst beschmutzt, wenn er andere mit Schmutz bewirft, hält er ihm unerbittlich den Spiegel vors Gesicht. Schau lieber einfach auf deinen eigenen Mist, schleudert er ihm entgegen. „Denn wenn man diesen Schleier der Eigenliebe zerreißt und seine eigenen Sünden genau ansieht, dann bekümmert man sich in seinem Leben nicht um die Sache eines anderen, denn man erwägt, dass die Zeit nicht ausreicht, über sich selbst zu klagen, wenn man auch hundert Jahre lebt" (160).

Wer zu seiner eigenen Fehlerhaftigkeit und Unvollkommenheit steht, wer sich annimmt mit allen seinen Fähigkeiten und Unzulänglichkeiten, neigt weniger dazu, über andere herzuziehen. Sich, indem er andere heruntermacht, über sie zu erheben. Er kann dann auch jemand, der ihm gegenüber schlecht über andere Personen redet, stoppen und ins Leere laufen lassen, indem er sagt: „Sei ruhig, mein Bruder, ich fehle täglich in Punkten, die noch viel wichtiger sind." Wenn du so verfährst, erwachsen dir zwei Vorteile daraus: „Du sorgst für dich selbst und für deinen Nächsten" (159).

Jenen, die sagen, sie kritisierten die anderen nur „aus Liebe und aus Fürsorge" (158), schlägt Johannes Klimakus vor: „Wenn du deinen Nächsten wirklich liebst, dann bete in der Stille für ihn, aber schimpfe nicht ständig; solche Art der Nächstenliebe hat Gott sehr gern" (158).

Schließlich empfiehlt er uns, so wie ein kluger und verständiger Winzer reife Trauben zum Essen wählt, die herben aber lässt, den Tugenden und Vorzügen, die wir an anderen sehen, unsere Aufmerksamkeit zu schenken und nicht den Fehlern und Mängeln. Aus einer solchen Haltung spricht ein großes und weites Herz, das um die eigene Unvollkommenheit weiß und sich durch die Fehler des anderen nicht davon abhalten lässt, den Blick auf das Herz des anderen zu richten, ihn vom Herzen her, von Herz zu Herz, zu sehen und zu beurteilen.

Rede nicht schlecht über andere.
Kümmere dich lieber um deine eigenen Fehler.

II. STUFE
Schweige

Wer sich des Schweigens befleißigt,
ist auf dem Wege zu Gott,
er verkehrt beständig mit ihm
im Innersten seines Herzens
und wird von ihm erleuchtet.

Vor einiger Zeit traf ich im Kloster in New Clairvaux in Nordkalifornien einen ehemaligen Trappistenabt, der noch den bekannten geistlichen Schriftsteller Thomas Merton kennengelernt hatte. Als ich ihn auf ihn ansprach, merkte ich, dass er ihm gegenüber Vorbehalte hatte. Er hätte schlecht über seinen Orden gesprochen – *bad mouthing* nannte er es.

Davon war ja im letzten Kapitel bereits die Rede. In dem Gespräch kam aber auch heraus: Der alte Abt hatte Thomas Merton noch nicht verziehen, dass er bei seinem Aufenthalt in Kalifornien ein Frauenkloster in den Redwoods ihrem Kloster vorzog.

Ich erwähne Thomas Merton, weil er sich selbst kritisch gegenüber seinem Hang zur Geschwätzigkeit äußert. Erschrocken muss er immer wieder feststellen, dass er sich zu irgendwelchen Äußerungen hat hinreißen lassen. Vor allem auch, wenn er sich ein oder zwei Dosen Bier gegönnt hatte. Doch man muss gar nicht so weit zurückgehen und Thomas Merton bei dem Thema Geschwätzigkeit anführen. Man kann getrost bei sich selbst anfangen.

Ich finde es schön, wenn Menschen sich ins Wort bringen können, erzählen, über sich sprechen. Es stört mich, wenn sie nur über sich sprechen, gar nicht mit den anderen Gesprächspartnern mitschwingen, was Voraussetzung wäre, ein Gespräch in Fluss zu halten. Dann erlebe ich es oft so wie Johannes Klimakus, dass sich jemand in Szene setzt, „die Schwatzhaftigkeit der Thron der eigenen Ruhmbegierde ist" (162).

Doch worauf Johannes Klimakus eigentlich hinauswill, wenn er von der Redseligkeit und Schwatzhaftigkeit spricht, ist ein Plädoyer für das Schweigen, „das das Gebet erzeugt, den zerstreuten Geist sammelt, das Feuer der göttlichen Liebe hütet, sorgfältig die Gedanken überwacht, die Feinde beobachtet, die Trauer bewahrt, die Tränen befördert, das Andenken an den Tod hervorruft" (163). Dieses schweigsame Denken, so Klimakus weiter, „ist ein geheimes Fortschreiten und ein verborgenes Aufsteigen zu Gott (…) Wer sich des Schweigens befleißigt, ist auf dem Wege zu Gott, er verkehrt beständig mit ihm im Innern seines Herzens und wird von ihm erleuchtet" (163).

Wenn man das liest, will man eigentlich nur noch schweigen. So ergeht es jedenfalls mir. Die Welt, die uns umgibt und zu der wir gehören, ballert uns zu mit Worten und wir ballern mit. Man fühlt sich wie unter Menschen, „die toll geworden taumeln und mit lallenden Zurufen unverständliche Worte von sich geben: ‚Zawlazaw, Zawlazaw, Kawlakaw, Kawlakaw'", wie Jesaja (28,7 ff.) die Priester und Propheten seiner Zeit verspottet. Vieles ist so nichtssagend, oberflächlich, Schall und Rauch.

Auch wenn man das einsieht, ist es gar nicht so leicht, sich dem zu entziehen. Schon ist das Radio oder der Fernseher an. Schon ist wieder eine Stunde um, in der man im Internet gesurft hat. Auch das sind Formen von Schwatzhaftigkeit, die uns vom Innehalten abhalten. Es sei denn, wir folgen der Sehnsucht in uns, die uns zu den Freuden führen will, die wir erfahren, wenn wir wegtauchen aus der uns umgebenden Geschwätzigkeit und in das Schweigen eintauchen. „Wer die Glut des himmlischen und göttlichen Feuers in sich spürt, der flieht die Versammlungen der Menschen wie die Bienen den Rauch" (164).

Dem hl. Nepomuk wird der Spruch nachgesagt: „Wer seine Zunge im Zaum hält, bewahrt seine Seele."

Hüte deine Zunge.
Tauche immer wieder einmal ein in dein Schweigen.

12. STUFE

Bleibe bei der Wahrheit

Wer die Furcht Gottes besitzt,
der ist ein abgesagter Feind der Lüge,
an dem Gewissen hat er einen
unbestechlichen Richter.

Die Wahrheit macht dich frei", heißt es im Johannesevangelium. Das hast du vielleicht schon tausend Mal gehört und dir dabei gedacht: Das ist ja schön und nett. Doch leider unmöglich. Und dennoch gilt: „Die Wahrheit macht dich frei."

Die Wahrheit deines eigenen Lebens, deiner eigenen Bestimmung gegenüber macht dich frei. So schwer, manchmal auch unmöglich es erscheint, sie zu leben. Der Junge, der in sich die Berufung zum Arzt verspürt, doch kein Geld zum Studium hat. Die Ordensfrau, die mit 19 Jahren ins Kloster gegangen ist und mit 30 Jahren erkennt, dass das nicht ihre Wahrheit ist. Das sind Situationen, die aufzeigen, wie sehr unsere Möglichkeiten, unsere Wahrheit zu leben, begrenzt sind, ohne dass wir jetzt dafür verantwortlich gemacht werden können. Wir hinsichtlich unserer eignen Möglichkeit uns als unfrei erleben.

Dann gibt es Situationen, die uns näher zu unserer Wahrheit bringen, zugleich aber auch dazu führen, dass wir uns verdeckt halten müssen, vor allem auch nach außen etwas vorgeben müssen, was unserer Wahrheit nicht entspricht. Die lesbische Frau, die im kirchlichen Dienst tätig ist und ihre Freundschaft zu einer anderen Frau verheimlichen muss. Der Ehemann, der sich in eine andere Frau verliebt hat, mit der er ohne Wissen seiner Frau eine Beziehung unterhält.

„Die Lüge ist die Vernichtung der Liebe" (164), schreibt Johannes Klimakus. Es kann ja nicht darum gehen, jene zu verurteilen, die oft unter großen Schmerzen und Mühen Kompromisse suchen, um mit ihrer Wirklichkeit leben zu können. Es muss und darf aber auch nicht verschwiegen werden, dass in solchen und ähnlichen Situationen wir tausend Mal am Tag gegen die Liebe verstoßen durch unsere Ausreden, Halbwahrheiten bis hin zu handfesten Lügen. Das aber schadet unserer Seele, mögen wir uns auch noch so sehr darum bemühen, uns einzureden, dass unsere spezielle Situation unser Verhalten rechtfertigt.

In solchen Situationen ist es wichtig, sich der Spannung bewusst zu sein, in der man sich befindet. Sich nichts vorzumachen. An der Stelle wahrhaftig mit sich umzugehen, sich selbst nicht zu belügen. Dann versetzt man sich auch am besten in die Lage, sich wach, sensibel, im Bewusstsein der Konsequenzen sich seiner persönlichen Situation zu stellen. Im Unterschied zu jenen, die unreflektiert und unsensibel sich selbst und anderen gegenüber sich selbst und anderen etwas vormachen, was ihrer Wahrheit nicht entspricht.

Es ist die subtile Art der Unwahrhaftigkeit, die unseren Aufstieg auf der Leiter zum Paradies oft erschwert. Sosehr Johannes Klimakus auch diese subtile Form der Selbst-Lüge ablehnt – er spricht hier von Heuchelei, die „die Mutter der Lüge, oft aber auch ihre Grundlage" (166) ist –, so sehr spricht er sich aber auch dafür aus, bei der Beurteilung der Lüge zu differenzieren: „Anders muss der beurteilt werden, der aus Furcht vor Strafe, anders, der aus Leichtsinn lügt, ... anders der, welcher lügt, um seinen Mitmenschen eine Falle zu stellen oder irgendeinen Schaden zuzufügen" (166 f.). Die ausdrücklich, bewusst eingesetzte Lüge, um etwas abzustreiten, um jemanden bloßzustellen, um sich vor der Wahrheit zu drücken, geißelt Johannes Klimakus mit scharfen Worten. Sie ist ein „Verderben der Seele".

Johannes Klimakus empfiehlt auch, sich nicht gemein zu machen mit denen, die lügen. Für ihn heißt das, den anderen auf den Kopf zuzusagen, dass sie lügen, sie damit zu konfrontieren, „um nicht durch feiges Schweigen" (166) sich selbst und anderen Schaden zuzufügen.

Merkst du – der Aufstieg wird immer steiler. Hast du trotzdem noch Lust, weiter aufzusteigen? Gib nicht auf! Ich glaube, es lohnt sich. Vertraue darauf, dass dich, wenn du dich bemühst, menschliche Kräfte, Freunde, Begleiter, die dir von unten her nachhelfen, und Kräfte von oben, Gott, der dich nach oben zieht, dabei unterstützen.

Lebe deine eigene Wahrheit.
Bemühe dich bei der Wahrheit zu bleiben.

13. STUFE
Überwinde
deinen inneren Schweinehund

*Drei Stunden lang bewirkt der Geist
der Trägheit Schauder, Kopfschmerz,
Fieber und Schwindel.
Ist die neunte Stunde herangekommen,
so hat sie sich einigermaßen erholt. Ist
aber der Tisch gedeckt, dann springt sie
vom Lager auf.*

Johannes Klimakus kennt seine Pappenheimer. Das beweist er in seinem Kapitel über die Trägheit, in der Tradition der Wüstenväter auch als *acedia* bekannt. Für Johannes Klimakus ist es eigentlich eine vorgeschützte Lustlosigkeit. „Ist der Tisch gedeckt, springt die Trägheit vom Lager auf. Kommt dann die Zeit zum Gebete, dann wird der Körper wieder schwerfällig, beim Gebete gehen im Stehen vor Müdigkeit die Augen zu, und vor lauter Gähnen bleibt der Vers im Munde hängen" (169).

Jeder wird sich in dieser fast humorvoll und ironisch klingenden Beschreibung wiederfinden und Verständnis aufbringen für die Mitmenschen, die sich ein solches Verhalten ab und zu herausnehmen. Manchmal verlangen unser Körper und unsere Seele auch ein Ausscheren aus der strengen Disziplin, vor allem wenn diese zu wenig auf die Bedürfnisse und Wünsche unseres Körpers und unserer Seele Rücksicht nimmt. Auch kennt die spirituelle Tradition so etwas wie ein heiliges Nichtstun, bei dem ich einfach da bin, mich in der Gegenwart Gottes sonne, mich ganz davon frei mache, etwas um eines bestimmten Zweckes willen zu tun.

Das ist freilich nur die eine Seite. Problematisch kann es werden, wenn sich in uns eine innere Lähmung ausbreitet, die dazu führt, dass wir nur noch widerwillig unseren Aufgaben und Pflichten nachgehen. Wir haben keine Freude und Lust mehr an dem, was uns bisher Spaß gemacht und mit Zufriedenheit erfüllt hat. Wir suchen nach Auswegen und Ausflüchten.

In bestimmten Phasen unseres Lebens kann das ein Signal dafür sein, dass etwas nicht stimmt mit unserer Lebensplanung; wir nochmals genauer hinschauen müssen, was wir als unsere wahre Bestimmung erkennen. Oder „die Schlappheit der Seele, eine Abspannung des Geistes", wie Johannes Klimakus die Trägheit nennt, ist das, was wir heute Burn-out, seelisches Ausgebranntsein, nennen. Das kann dazu führen, dass wir uns zurückziehen, keine Lust mehr an der Arbeit haben, Dienst einfach nur noch nach Vorschrift tun. Wir sind uns nicht mehr so sicher, ob das, was wir tun, sinnvoll ist. Vielleicht löst in uns auch zwischendurch Langeweile aus, was wir einst mit Begeisterung getan haben.

Doch was Johannes Klimakus unter Trägheit versteht, erschöpft sich nicht darin. „Der Arzt besucht frühmorgens seine Kranken. Die Trägheit aber die Menschen gegen Mittag" (169), schreibt er. Ich glaube, hier spricht er von einer Art inneren Dürre, einer „Stumpfheit der Seele", einem „Vergessen des Himmlischen", die immer wieder in unser Herz einziehen.

Hier höre ich die Botschaft: immer wieder die Antennen auf das Himmlische ausrichten, mit dem Himmlischen in Berührung kommen. Und: nicht so schnell aufgeben, wenn wir den Zugang dazu anscheinend verlorenen haben. Manchmal muss man so lange auf die Stille hören, bis man schließlich die himmlische Musik hört. Also die Langeweile, die Dürre aushalten. Durch diese Erfahrung mehr mit der eigenen Tiefe in Berührung kommen, über die wir mit dem Himmlischen wieder mehr in Kontakt kommen, das Himmlische als leises Singen der Seele in uns selbst wieder vernehmen und spüren dürfen.

Pflege ein heiliges Nichtstun.
Zugleich lasse dich nicht gehen.

Schau gut hin, was dich wirklich nährt

Beherrsche deinen Bauch, damit du nicht von ihm beherrscht wirst, und dann erst mit Beschämung und Reue anfängst, ihn zu beherrschen.

Was nährt dich wirklich? Darum geht es bei der nächsten Sprosse auf der Leiter zum Paradies. Das Essen und Trinken, vor allem zu viel davon, sind es nicht. „Du musst wissen, dass der Teufel oft im Magen sitzt und bewirkt, dass man nie satt wird, wenn man auch das ganze Land Ägypten aufgegessen und den ganzen Nilstrom ausgetrunken hat" (177).

Die Ausführungen von Johannes Klimakus zur Gaumenlust erinnern zunächst an psychologische Beschreibungen über die Fettleibigkeit oder auch Fettsucht. „Die Gaumenlust ist eine Heuchelei des Magens, denn wenn er gesättigt ist, schreit er, dass er Mangel leide, und wenn er bis zum Übermaß voll ist, stöhnt er, er habe Hunger. Die Gaumenlust ist eine Täuschung des Auges, die alles verschlingen wollen, wenn auch der Magen nur Weniges fassen kann" (172 f.).

Das „alles verschlingen wollen" steht nicht nur für zu viel essen. Es steht für zu viel konsumieren, seien es Bilder, Informationen, Worte, Eindrücke. Sie überschwemmen uns, lähmen uns, machen uns müde und unsensibel, so dass wir das, was wir an Essen, an Eindrücken und an Erfahrungen aufnehmen, gar nicht mehr genießen können. Diesen Teufelskreis gilt es zu durchbrechen: statt immer mehr zu sich zu nehmen, weil man das, was man einnimmt, nicht mehr wirklich spürt und genießen kann, weil man schon randvoll damit angefüllt ist, sich auf Weniges zu beschränken. Das dann aber bewusst zu sich zu nehmen, zu genießen, auszukosten.

So laufen die Empfehlungen des Johannes Klimakus naturgemäß auf das Fasten hinaus, wohl wissend, dass das der enge und raue Weg ist (vgl. 178). Er gesteht dem Einzelnen

zu – und erweist sich damit als Vorläufer der Verhaltens-
therapie –, dass das schrittweise geschieht. Er spricht sich
ausdrücklich gegen den großen Wüstenvater Evagrius aus,
der sagt: „Wenn der Mensch Begierde nach verschiedenen
und leckeren Speisen hat, so muss er sich auf Brot und
Wasser beschränken." Für Klimakus heißt das ungefähr so
viel, als wenn er einem Knaben befehlen wollte, die sämt-
lichen Stufen einer Leiter in *einem* Satz hinaufzuspring-
en" (174). So funktioniert das nicht, meint er. Vielmehr
muss der Betreffende Schritt für Schritt von dem Genuss
der Speisen entwöhnt werden.

Das gilt auch für alles, was das sonstige Konsumieren be-
trifft. Ein radikaler Entzug verkehrt sich oft ins Gegenteil.
„Wir müssen gegen diese arglistige Feindin sehr auf der
Hut sein, sonst empört sie sich gegen uns und legt uns
Schlingen, in denen wir uns fangen" (174). Entscheidend
ist freilich, sich nicht davon abhalten zu lassen, konsequent
den Weg des Verzichtes zu gehen, unterstützt durch das
Gebet, vor allem auch das Psalmengebet, das Johannes
Klimakus immer wieder als zentrales Hilfsmittel für das
Arbeiten an uns selbst anführt.

Der Lohn am Ende des engen und rauen Wegs wird groß
sein: Das Fasten „erleichtert den Schlaf, heilt den Körper,
verschafft der Seele Ruhe, bewirkt die Verzeihung der
Sünden, öffnet die Pforten des Paradieses und lässt uns seine Wonnen verkosten" (179).

Behalte die Kontrolle darüber, was dir guttut.
Ziehe die kleinen Schritte den großen vor,
wenn du ein Verhalten verändern willst.

Unterstelle deine Leidenschaften deiner Seele

Nicht der ist keusch, der den Leib vor Staub und Schmutz bewahrt, sondern wer seine Glieder der Seele vollkommen unterwirft.

Sehr ausführlich beschäftigt sich Johannes Klimakus mit der Keuschheit, die er „eine Verwandtschaft mit der überirdischen geistigen Welt" nennt. „Sie ist der Aufenthalt, wo Christus am liebsten verkehrt, ein Schild, der die Seele auf Erden schützt" (183).

Vieles, was Johannes Klimakus hier sagt, ist aus meiner Sicht unerträglich, lehne ich ab und ist von einer kaum zu überbietenden Leibfeindlichkeit geprägt. Versuche ich das, was er mir zu sagen hat, herauszustellen, so ist es vor allem die Bedeutung, die er bei dem Versuch, in einer angemessenen Weise mit unserem sexuellen Verlangen umzugehen, der Seele und dem Willen zumisst.

Wie wichtig der Wille ist, demonstriert er an einem Beispiel: „Einige haben die für glücklich gehalten, die ohne alle Regungen der sinnlichen Lust geboren wurden" (186). Er hält dem entgegen, dass er die für glücklich hält, die im Besitz der Freiheit, Böses zu tun, sich mit ihren sexuellen Empfindungen und Gefühlen auseinandergesetzt haben und sich für einen guten Umgang damit entschieden haben.

Nicht der, der sich darauf fixiert, ja nichts zu tun, was ihn mit einer keuschen Haltung in Konflikt bringen könnte – in der Sprache von Johannes Klimakus jener, der, „den Leib vor Staub und Schmutz bewahrt" –, ist keusch, sondern der, der sich in allem, was ihn ausmacht, „der Seele vollkommen unterwirft" (184).

Es kann ja nicht darum gehen, aus der Angst heraus, nicht angemessen mit unserem Verlangen nach Lust, unserer Leidenschaft, ja auch unseren Sehnsüchten umgehen zu können, diese Quellen in uns auszutrocknen. Wir würden uns damit im wahrsten Sinne des Wortes das Leben nehmen, unsere Lebendigkeit opfern.

Unterstellen wir unsere Leidenschaft der Seele, dann können wir sie für unser Leben und Lieben fruchtbar machen. Dann ist sie wie Tau, das die Erde befruchtet, „süße Frucht" (191) hervorbringen lässt. Dann sehen wir im anderen Menschen nicht nur den Körper, wir spüren auch seine Seele. Wir sind dann auch nicht nur Gefangene unserer Leidenschaft, wo sie sich in unserer Begierde zeigt, sondern in der Lage, noch einmal hinzuschauen. Das aber befähigt uns, dem anderen und uns selbst mit Respekt zu begegnen, seine und unsere Würde zu achten.

Jetzt dürfen wir unsere Leidenschaft entflammen, unserem Eros Flügel wachsen lassen. Jetzt ist der Rahmen abgesteckt, der dafür Sorge trägt, dass unsere Leidenschaft sich nicht in falschen Bahnen verirrt. Jetzt kann geschehen – und das überrascht uns bei Johannes Klimakus –, dass „der Anblick eines sehr schönen und reizenden menschlichen Leibes" (196) in uns „eine Flamme der Liebe Gottes entzünden" kann. Das erinnert an eine Erkenntnis von Pierre Teilhard de Chardin, der viele Jahrhunderte nach Johannes Klimakus meinte: „Die Tatsache, dass ein Mann sein Herz auf eine Frau zentriert, bedeutet nicht notwendig, dass dieser Mann sich in seinem Gefühl zum Göttlichen ‚neutralisiert' findet. Die göttliche Sonne kann (*weil viel stärker)* durch den leiblichen Stern *hindurch* wahrgenommen werden. Sie kann sogar in einem lebendigeren Aufscheinen auf der gleichen Linie und darüber hinaus leuchten."

Es geht darum, die Leidenschaft, den Eros, das Begehren zu unserem Segen und zum Segen der anderen werden zu lassen. Was, wenn nicht in der gerechten Gesinnung vollzogen, „vielleicht die Ursache zum Verderben" sein kann, bringt dem, der sie in der rechten Weise lebt, „die Krone des Verdienstes" (196) ein. „Diejenigen, welche Gott lieben, werden durch weltliche und geistliche Lieder zur heiteren Freude und göttlicher Liebe angeregt und vergießen viele Tränen seligen Glückes; die dagegen den Lüsten der Erde ergeben sind, finden in allen etwas, was ihr Verderben ist" (197).

Lasse deine Leidenschaft zu,
doch unterstelle sie deiner Seele.

Sei großherzig

*Wer einmal Geschmack an dem
Himmlischen gefunden hat, verachtet
leicht das Irdische,
wer aber ohne Geschmack dafür ist, der
findet seine Freude an irdischen
Dingen, die er besitzt.*

Wirf weg, damit du nicht verlierst." So lautet die Inschrift auf der Hauswand eines Bauernhauses in Tirol. Daneben ist die hl. Elisabeth abgebildet, die Rosen fallen lässt. Bis man das versteht, kann es lange dauern: Geben ist seliger als nehmen.

Was lässt uns nicht alles davon zurückhalten, zu geben: Die „Möglichkeit von Krankheit", „das künftige Alter", mögliche „Hungersnot" (209). Ein stark ausgeprägtes Sicherheitsdenken, manchmal auch eine neurotische Angst, zu verarmen, können die tieferen Gründe dafür sein. Manchmal ist es aber auch schlicht Geiz, eine Haltung, die das Gegenteil von Großzügigkeit, vielleicht auch Großherzigkeit ist.

So ist der Geizige eigentlich zu bedauern. Er hält das, was er hat, fest an sich. Verkrampft, immer auf der Hut, ja nichts zu vergeben. Seine Engherzigkeit färbt sich auf ihn selbst ab. Denn sein Geiz macht ihn nicht froh. Ist er doch auch oft sich selbst gegenüber kleinlich, ein Pfennigfuchser. Vor allem aber steht er ständig unter Druck, das, was er hat oder auch nur meint zu haben, zu verlieren oder weggenommen zu bekommen.

Wer dagegen gibt, verschenkt, keine Reichtümer ansammelt, „kennt keine irdischen Sorgen, geht sicher durch das Leben, wandelt frei von allen Hindernissen auf dem Weg zum Himmel, weiß nichts von Kummer" (210). Entscheidend, so glaube ich, ist die Haltung, mit der ich mit Geld, Besitz, dem, was ich habe, umgehe. Klammere ich mich daran fest? Bin ich ein Haben-Mensch im Unterschied zu einem Sein-Mensch? Hält mich mein Besitz, mein Haben davon ab, einfach zu sein, mich dem Leben zu überlassen und auszusetzen?

Anthony de Mello bringt mit folgender Erzählung auf den Punkt, worum es dabei geht. In ihr heißt es: Im 19. Jahrhundert besuchte ein Tourist aus den Vereinigten Staaten den berühmten polnischen Rabbi Hafez Hayyim. Er war überrascht, festzustellen, dass die Wohnung des Rabbi lediglich aus einem Zimmer voller Bücher bestand. Das Mobiliar bestand aus einem Tisch und einer Bank.

„Rabbi, wo ist dein Möbel?", fragte der Tourist.

„Wo ist deines?", antwortete daraufhin Hafez.

„Meines? Aber ich bin nur ein Tourist."

„So verhält es sich auch bei mir", antwortete der Rabbi (1984,137).

Es geht nicht darum, es sich im Leben nicht einzurichten, sich nichts zu gönnen. Es geht darum, dabei nicht das außer Acht zu lassen, was wesentlich ist. Das aber heißt, mehr den Blick auf den Himmel, das eigentliche Paradies zu lenken als auf das irdische Paradies. Sich nicht von den irdischen Angeboten berauschen zu lassen, in eine Haltung zu verfallen, die uns meinen lässt, wir müssten auch alles haben, was andere haben, oder nur dann glücklich zu sein, wenn wir auch noch das und jenes haben, was wir bis jetzt noch nicht haben. Wer den Blick zum Himmel nicht vergisst, sieht alles, „was um ihn ist, an, als ob es gar nicht da wäre, wenn er es auch mit Händen greift" (210 f.).

Sei großherzig
dir und anderen gegenüber.
Vergiss den Blick
zum Himmel nicht

Sei einfühlsam

*Der gefühllose Mensch hält
Betrachtungen über die eitle Ehre, aber
in seinem Vortrag sucht er nichts
anderes, und während er von dem
Nutzen des Wachens spricht, versinkt
er selbst alsbald in tiefen Schlaf.*

Hart ins Gericht geht Johannes Klimakus mit den Stumpfsinnigen und Gefühllosen. „Gefühllosigkeit des Körpers wie des Geistes ist eine Abgestorbenheit der Empfindung, die durch die Länge der Zeit in völlige Empfindungslosigkeit übergeht. Sie ist ... eine zur Gewohnheit gewordene Nachlässigkeit, eine matte und kraftlose Anspannung der Seele" (214).

Zunächst mag eine solche Aussage von Johannes Klimakus erstaunen. Ist er nicht jener, der nicht aufhört, sich dafür stark zu machen, alles in uns abzutöten? Hier zeigt er sich jedoch als ein Meister tiefer psychologischer Erkenntnis, indem er gekonnt eine menschliche Fähigkeit beschreibt, die fundamental zu unserer menschlichen Ausstattung gehört: die Fähigkeit, sich einfühlen zu können. Die Fähigkeit, innerlich wach, sensibel, achtsam zu sein, was in mir und um mich herum geschieht. Es ist das, was wir Einfühlungsvermögen oder Empathie nennen.

Menschen, denen diese Fähigkeit abgeht, treten von einem Fettnäpfchen ins andere. Sie spüren nicht, wie sie durch ihr Verhalten andere verletzen. Vor allem aber sind sie mit sich selbst nicht in Berührung. „Der träge und gefühllose Mensch ist ein Tor, der die Rolle des Weisen spielt, der sich selbst verurteilt, sich selbst etwas weis macht, anders redet, als er handelt, ein Blinder, der anderen Unterricht im Sehen geben will, der über die Heilung einer Wunde redet und sie dabei durch Reiben noch immer mehr entzündet" (214 f.).

Es ist die Unfähigkeit, zu spüren, wie unglaubwürdig ich bin, wenn ich anderen predige, Wasser zu trinken, selbst aber Wein trinke. Er spürt nicht, wie sehr er seiner eigenen Seele schadet, solange er sich so verhält. So sehr ist er in sich selbst verliebt. Das nämlich liegt der Gefühllosigkeit zu Grunde: eine ungesunde Selbstliebe, bei der ich nicht wirklich mich liebe – so wie ich wirklich bin –, sondern ein bestimmtes Bild, das ich von mir habe. Ich bleibe am Äußeren hängen, bleibe damit einhergehend äußerlich, oberflächlich.

So beschreibt Johannes Klimakus auch folgerichtig den Gefühllosen als Narzissten, der um sich kreist, der meint, die anderen seien nur da, um ihn zu bewundern, der in allem, was er tut, selbst da, wo er sich als reumütig und unvollkommen gibt, allein seine Ehre sucht. „Er klagt sich vor der Gesellschaft an, dass er begierig nach eitlem Ruhme sei, aber eben in diesem Tadel seiner selbst sucht er Ruhm … So ist er immer sein eigener Ankläger, und doch will oder vielmehr kann er nicht zu sich kommen" (216).

Gefühllosigkeit erzeugt schließlich – und das, finde ich, ist die bedenkenswerteste Aussage des Johannes Klimakus – Gottvergessenheit. In seine Enzyklika „Gott ist die Liebe" gebraucht Papst Benedikt XVI. (2006) das eher ungewöhnliche Wort fühlsam, wenn er von der Gottesliebe spricht. So schreibt er: „Wenn ich die Zuwendung zum Nächsten aus meinem Leben ganz weglasse und nur ‚fromm‘ sein möchte …, dann verdorrt auch die Gottesbeziehung. Dann ist sie nur noch ‚korrekt‘, aber ohne Liebe. Nur meine Bereitschaft, auf den Nächsten zuzugehen, ihm Liebe zu erweisen, macht mich auch fühlsam Gott gegenüber."

Damit Gott nicht in unserem Leben verdunstet, wir ihn nicht vergessen, er weiter einen Platz in unserem Leben hat, ist es wichtig, uns unsere Fähigkeit des Einfühlens zu erhalten. Um so mit uns vertraut zu werden, bei uns, in unser Inneres eintreten zu können. Mit anderen Fühlung aufnehmen zu können. Und schließlich, um auf eine innige Weise in die Beziehung mit Gott treten zu können, seiner innig zu werden. Wo uns das gelingt, sind wir ein großes Stück weitergekommen bei unserem Aufstieg zum Paradies.

Sei dir, anderen Menschen und
Gott gegenüber sensibel und einfühlsam.

Verschlafe nicht dein Leben

Wie das viele Trinken so ist auch der lange Schlaf ganz von der Gewohnheit abhängig. Daher muss man im Anfange des geistlichen Lebens mit großer Vorsicht gegen ihn ankämpfen, lange Gewohnheit ist hier sehr schwer zu bessern.

M üßiggang ist aller Laster Anfang", heißt ein Sprich-
wort. Johannes Klimakus wird nicht müde, auf die
Gefahren hinzuweisen, die ein zu langes Schlafen in sich
birgt. Dabei hat er durchaus Verständnis dafür, dass, sollte
man daran gewohnt sein, lange zu schlafen, es eine gewis-
se Zeit braucht, solche Gewohnheiten zu ändern.

Auch Johannes Klimakus weiß, dass der Schlaf notwendig ist, und jeder, der verantwortungsvoll mit seiner Gesundheit umgehen will, weiß das auch. Genügend Schlaf
und ein gesunder Rhythmus – nicht zu spät ins Bett gehen
und nicht zu spät aufstehen – wirken sich positiv auf unseren Leib und unsere Seele aus. Es ist ein Segen, wenn wir
gut schlafen können, für eine Weile, wie es Johannes Klimakus nennt, unsere Sinne ausruhen können, wir im Ausruhen wieder zu Kräften kommen können.

So ist es aus meiner Sicht auch ein spirituelles Ziel, dafür
Sorge zu tragen, dass unser Leib und einhergehend damit
auch unsere Seele das bekommen, was sie brauchen, um
gesund zu bleiben. Eine spirituelle Einstellung oder Pra-
xis, die dazu führt, dass wir Raubbau an unserem Körper
treiben, ist dagegen eine ungesunde Spiritualität und damit eine fragwürdige und letztlich untragbare Spiritualität.

Unsere Spiritualität kann nicht losgelöst von unserem
Leib gesehen und praktiziert werden. Sie braucht unseren
Leib und der muss entsprechend fit sein, um in der Lage zu
sein, eine gesunde Spiritualität zu pflegen. Dazu trägt bei,
dass wir genügend schlafen, uns genügend bewegen, nicht
rauchen und nicht übermäßig essen und trinken.

Angemessen Sorge zu tragen für unseren Leib und dabei
auch darauf zu achten, dass man genügend schläft, ist das

eine. Sich einfach gehen zu lassen, nicht aus den Federn zu kommen, den halben Tag zu verschlafen, ist das andere. Da kann der lange Schlaf, wie es Johannes Klimakus beschreibt, zu einem boshaften Gefährten werden. „Wer nicht aufpasst, dem nimmt er die Hälfte des Lebens fort oder noch mehr" (224). Hier ist es das Ziel, über genügend Disziplin oder auch innere Kräfte zu verfügen, selbst bestimmen zu können, wie ich mein Leben, meinen Tagesablauf gestalten möchte.

Darüber verfügen aber manche nicht. Sie kommen schon nicht rechtzeitig ins Bett, geschweige denn, dass sie rechtzeitig herauskommen. Manchmal sind die Ursachen dafür auf einer tieferen Ebene angesiedelt, etwa wenn jemand depressiv ist. Dann werden Appelle an die Disziplin wenig fruchten. Dann muss man sich in Geduld üben und, wie es Johannes Klimakus empfiehlt, sich vorstellen, dass zu dem Zeitpunkt, an dem man eigentlich aufstehen wollte oder sollte, „unsere unsichtbaren Feinde zusammenkommen, an unserem Bette stehen und uns bereden, wir möchten noch ein wenig liegen bleiben" (219 f.). Jetzt liegt es an einem selbst, ob man sich von ihnen betören lassen oder ihnen über den Mund fahren, vor allem aber ihnen zeigen will, wer der Stärkere ist – und einfach aufsteht.

Gönne dir genug Schlaf,
doch verschlafe dein Leben nicht.

Wache auf

Ein Gott liebendes Herz, das auf der Hut ist, bewacht mit aller Vorsicht die Gedanken, bändigt die Leidenschaften, zähmt und zügelt die Zunge und verscheucht die Gaukeleien der Einbildungskraft.

Anthony de Mello erzählt eine Geschichte, in der ein Vater an der Tür seines Sohnes klopft und ruft: „Wach auf." Der Sohn antwortet: „Ich möchte nicht aufstehen, Papa." Der Vater ruft daraufhin laut: „Steh auf, du musst zur Schule." Der Sohn antwortet: „Ich möchte aber nicht zur Schule." „Warum denn nicht?", fragt der Vater. „Aus drei Gründen", sagt sein Sohn. „Einmal, weil es doof ist, dann, weil die Kinder mich aufziehen, und schließlich, weil ich die Schule hasse." Darauf der Vater: „Ich nenne dir drei Gründe, warum du zur Schule gehen musst. Zum einen, weil es deine Pflicht ist. Dann: du bist 45 Jahre alt; und schließlich: du bist der Direktor der Schule" (1990).

Manche sind mit 40 noch nicht aufgewacht. Sie gehen wie mit Scheuklappen vor den Augen durchs Leben. Sie haben noch nie die Erfahrung gemacht, dass das Leben – so Anthony de Mello – einem Bankett vergleichbar ist, das uns einlädt, die Fülle des Lebens auszukosten. Sie gehen zu sehr auf in der Routine des Alltags, des Vorgegebenen, so dass sie die unzähligen Möglichkeiten, die ihnen bei allem Vorgegebenen bleiben, ihr Leben zu gestalten, ungenutzt verstreichen lassen.

„Ein wachsames Auge entsündigt den Geist, unmäßiger Schlaf macht die Seele stumpf und blind" (223), schreibt Johannes Klimakus. Aufwachen kann heißen, wach, sensibel zu sein für das, was in mir abläuft, beginnend mit meinen Gedanken, und für das, was um mich herum geschieht. Es kann heißen, jeden Tag neu dafür offen zu sein, in das Leben hineinzugehen, es aufzubrechen, mein Leben zu schaffen. Zumindest die Möglichkeiten zu entdecken und dann auch zu nutzen, die bei aller Routine und Pflicht gegeben sind. Ich entscheide und kann entscheiden, mit welcher Einstellung ich jemandem begegne, was ich jemandem sage; ich vielleicht sogar zwischendurch einmal etwas Verrücktes mache, etwas anscheinend unverrückbar Vorgegebenes verrücke.

„Von der Umgebung irdischer und sterblicher Könige sind einige leicht bewaffnet und fast ohne alle Bewaffnung, andere tragen Stäbe, andere Schilder, andere Schwerter" (222), schreibt Johannes Klimakus. Das lässt sich gut auf uns übertragen. Manchmal haben wir uns selbst so zugestellt mit „was wie zu sein hat", „was die Wahrheit ist", „was ich tun muss", dass das eigentliche und wahre Leben keinen Spielraum mehr findet. Ja, Spielraum! Keine Möglichkeit, das Leben zu spielen; so sehr scheint es nach vorgegebenen Mustern ablaufen zu müssen – im Unterschied zu jenen, die, statt sich hoch aufgerüstet dem Leben zu verschließen, sich dem Leben aussetzen, sich in das Leben stürzen.

Wache endlich auf
und entdecke das Leben
in dir und um dich herum.

Fürchte dich nicht

Den Magen kannst du nicht in einem Augenblicke füllen, so kannst du auch die Furchtsamkeit nicht mit einem Male besiegen.

Es ist faszinierend, wie Johannes Klimakus über die Furcht und Furchtsamkeit schreibt. Hier erweist er sich wieder als Kenner der menschlichen Seele. „Nicht die Finsternis und Abgelegenheit der Örter geben den bösen Geistern Kraft gegen uns, sondern die Trockenheit unserer Seele" (228). Die Furchtsamkeit „ist das Gegenteil von Vertrauen in die Erwartung der Dinge, die man nicht sehen kann. Furcht ist der Gedanke an eine Gefahr, die man voraussieht, oder eine ängstliche Stimmung des Herzens aus Bangigkeit vor möglichen Unglücksfällen, und deswegen der Mangel an fester Zuversicht und Sicherheit" (226).

Es ist etwas in uns, was da ist beziehungsweise nicht da ist, was uns in Furcht versetzt. Es ist für Johannes Klimakus vor allem das fehlende Vertrauen in eine größere Macht, in Gott. Wer das nicht hat, „erschreckt bei jedem Geräusch und vor jedem Schatten. Wer Gott liebt und sich in ihm erfreut, der kennt keine Furchtsamkeit" (227). Johannes Klimakus sieht die tiefere Ursache unserer Furcht in der mangelnden Bereitschaft, Gott mehr zu vertrauen als sich selbst; sich selbst zu überschätzen.

Johannes Klimakus macht sich stark dafür, der Furcht nicht die Macht über uns zu überlassen, sondern gegen sie anzugehen. Die stärkste Waffe ist für ihn dabei das Gebet. Er empfiehlt, an den Ort zurückzugehen, der Angst ausgelöst hat: „Überwinde dich und gehe bei Nacht an die Stelle, wo du dich erschreckt hast, denn wenn du in solchen Kleinigkeiten nachgibst, so wird diese kindische und lächerliche Ängstlichkeit bei dir zur Gewohnheit. Wenn du aber dahin gehst, stärke dich mit den Waffen des Gebetes, und wenn du da bist, erhebe deine Hände zu Gott und besiege deine Feinde im Namen Jesu" (227). Viel besser könnte es ein Verhaltenstherapeut auch nicht beschreiben. Freilich mit dem Unterschied, dass für Johannes Klimakus die eigentliche Kraft dabei aus dem Gebet erwächst, der Verankerung in etwas Größerem, in Gott.

„Ich schauderte und die Haare standen mir zu Berge" (227), so beschreibt Johannes Klimakus die Furcht. Er unterscheidet zwischen der Furchtsamkeit, die wir körperlich empfinden, und der Furchtsamkeit der Seele. „Manchmal wird zunächst die Seele, manchmal auch der Körper zuerst furchtsam und teilt dem anderen Teile seine Stimmung mit. Wenn die Furchtsamkeit im Körper anfängt, die Seele aber kein Schrecken befällt, so ist das ein Zeichen von baldiger Befreiung von dieser Schwäche" (228 f.).

Einen allein sollen wir fürchten – Gott. Solange uns die rechte Gottesfurcht abgeht, wird uns bange vor unserem eigenen Schatten. Gottesfurcht meint aber nicht Furcht vor Gott, sondern Ehrfurcht vor ihm. In unserer uneingeschränkten Hinwendung zu Gott, in unserem absoluten Uns-ihm-Überlassen, kann sich unsere Ehrfurcht vor Gott zeigen, wird zugleich unsere Furcht vor ihm besiegt. In dieser Haltung spüren wir dann auch, ob ein böser Geist oder ein Engel in unserer Nähe ist. In einem Falle bebt unser Körper, im anderen frohlockt unsere Seele. „Wenn wir aus solcher Stimmung seine Gegenwart erkennen, so müssen wir schnell zum Gebet eilen, denn um mit uns zu beten und um uns darin zu unterstützen, ist unser leibreicher Schutzengel zu uns gekommen" (228).

Vertraue auf Gott
inmitten von Angst und Furcht.

Nimm dich nicht so wichtig

*Manche Menschen, die nach eitler Ehre
streben, erhört Gott in seiner Weisheit,
ja er kommt ihren Gebeten und Bitten
sogar zuvor, damit sie nicht in Folge
ihres Gebetes erhalten, was sie
wünschten, und dadurch übermütig
werden.*

Die Ehrsucht, die wir überwinden sollen, wollen wir auf der Leiter zum Paradies die nächste Stufe erreichen, schleicht sich überall an. Wer ist nicht anfällig dafür? Wie viel lassen wir uns nicht einfallen, wenn wir ehrlich sind, um gesehen zu werden, aufzufallen, herausgestellt zu werden? Ich glaube, es ist zunächst ein ganz menschliches Verhalten, mit dem man auch menschlich umgehen sollte. Das heißt für mich, dass wir auch Verständnis dafür haben. Ein bisschen Narzissmus sollte man jedem zugestehen.

Anders verhält es sich, wenn nahezu alle unsere Anstrengungen darum kreisen, uns ins rechte Licht zu rücken. Wenn alles, was wir tun, immer auch in der Absicht geschieht, uns herauszustellen. Ja, wenn unser Leben für uns selbst nur dann als akzeptabel und sinnvoll erscheint, solange es von außen eine besondere Beachtung erfährt.

Wir benutzen dann die anderen, degradieren sie zu Spiegeln, die dazu herhalten müssen, uns widerzuspiegeln, wie toll wir sind. Vor allem aber machen wir uns selbst etwas vor. Wir übertünchen unsere eigene Unerfülltheit, unser geringes Selbstwertgefühl, unsere mangelnde Selbstannahme mit einem Aufstrich, der nach außen etwas vorgibt, was unserem Inneren nicht entspricht. Da wir spüren, dass wir uns etwas vormachen, in einer Scheinwelt leben, stehen wir ständig unter Druck, uns wieder in Szene zu setzen, im Mittelpunkt zu stehen, beachtet zu werden. Bleibt das aus, sind wir niedergeschlagen, erfahren wir uns als wertlos, haben wir das Gefühl, nicht länger zu existieren.

Johannes Klimakus erweist sich hier wieder als Menschenkenner mit psychologischem Scharfblick. Er spricht von Aufgeblasenheit, die den Menschen kennzeichnet, der sich aufbläht, um anderen zu imponieren – doch es ist nichts als Luft dahinter. Es nährt nicht. Wie Ruhm und Ehre nicht nähren, wenn ich meine, sie zu brauchen, um leben zu können, um glücklich und zufrieden zu sein. Doch das Streben nach Ehre ist zäh. „Bei genauer Beobachtung findet man, dass diese Pflanze bis zum Tode und zum Grabe alle Tage neu hervorkommt und ihr Dasein in Kleidern, Salben, äußerlichem Auftreten, Wohlgerüchen und anderen Dingen kundgibt" (230).

Dabei könnten wir uns doch begnügen mit dem, was wir haben und bekommen. „Die Sonne leuchtet allen reichlich, die Ehrsucht vergiftet jedes Streben nach Tugend" (230). Vor allem aber vereitelt die Ehrsucht, das, was wir haben und sind, zu würdigen, auszukosten. Ja, weil wir das nicht tun, wollen wir immer mehr, immer höher hinaus. Freilich mit dem Ergebnis, dass die Luft immer dünner wird, wir uns immer mehr von uns selbst wegbewegen, in einer Sonderwelt leben, die sich letztlich als Gerüst erweist, mit der unser wirkliches Leben mehr schlecht als recht abgestützt wird, oder als Fassade, hinter der unser eigentliches Leben verborgen bleibt.

Den Ausweg aus der Ehrsucht sieht Johannes Klimakus in der Ausrichtung an Gott. Nicht in den Augen der Menschen, sondern in den Augen Gottes Gefallen zu finden, darum geht es. Uns nicht von dem bestimmen und beeinflussen lassen, was uns gut vor den Menschen dastehen lässt, sondern das zu tun, was uns vor Gott zur Ehre gereicht. „Wenn wir uns bemühen, Gnade bei Gott zu erlangen, so müssen wir danach streben, unseren Ruhm in der

Ehre bei Gott zu finden. Wer die Süßigkeit des himmlischen Ruhmes verkostet hat, verachtet den irdischen, wer das aber nicht getan hat, der kann schwerlich gleichgültig gegen ihn sein" (234).

Bleibe auf dem Boden,
dann schmeckst du auch das wirkliche Leben.

Überlasse dich Gott

Die Vollendung des Hochmutes ist der Verzicht auf den Beistand Gottes, der Stolz und das Vertrauen auf die eigene Kraft.

D er Hochmütige gleicht einem Granatapfel, der äußerlich schön aussieht und innerlich angefressen ist" (244). Der Hochmütige glaubt, ohne Gott auskommen zu können. Er erkennt keinen über sich an, vertraut allein auf die eigene Kraft.

Wer auf der Leiter, die zum Paradies führt, weiterkommen will, muss demütig werden. Er muss eine höhere Macht über sich anerkennen. Er muss das nicht tun, indem er seine Möglichkeit, seine Kraft, sein Charisma aufgibt. Das wäre fatal. Er muss all das einbetten in die Hinwendung an eine größere Macht, Gott.

Dann erst kann all das zur Entfaltung kommen; bleibt die Energie nicht bei uns selbst hängen; staut sie sich nicht in uns selbst auf. Jetzt kann sie weiterfließen, um uns herum, hin zu unserem Nächsten, in die Projekte, die wir angehen, die Schöpfung, vor allem aber auch hin zu Gott. Jetzt beschneiden wir uns nicht mehr selbst, ja werden, indem wir uns auf ein Größeres ausrichten, uns unter eine größere Macht stellen, selbst größer, weiter.

Johannes Klimakus spricht hier die wohl ein Leben lang anhaltende Aufgabe an, das richtige Verhältnis von Selbstbestimmung und Gottesbestimmung, Autonomie und Führung, Freiheit und Bestimmung zu finden. Was darf und muss ich selbst leisten? Was ist mein Verdienst, mein Beitrag, auf den ich auch stolz sein darf? Wo sind meine Grenzen? Und wann überschreite ich meine Grenzen, meine menschlichen Möglichkeiten, in der irrigen Meinung, ohne eine höhere Macht, ohne Gott, auskommen zu können?

Für mich heißt hier, auf der nächsten Sprosse auf der Leiter, die zum Paradies führt, weiterzukommen, mich immer wieder in eine höhere Macht, in Gott, zu verankern. Keinen Moment zu vergessen, dass es eine höhere Macht gibt, die mich nicht bedroht, sondern sich vielmehr als Kraft anbietet, mit der ich mich verknüpfen kann. Dabei vergebe ich mir nichts. Mache ich mich nicht klein oder erkläre mich für hilflos. Nein! Ich habe vielmehr die Größe, Gott die ihm gebührende Allmacht zuzugestehen. Mich ihr zu unterstellen. Ich schließe mich damit an den göttlichen Energiestrom an, lasse mich davon energetisieren und beseelen, statt mich dieser Energiequelle zu verschließen.

Ich wachse dabei über mich hinaus, verlasse das Kreisen um mich selbst. Ich würdige dabei nicht nur die Hoheit Gottes, ich entdecke und würdige meine Mitmenschen, meine Mitwelt, die Schöpfung, komme in Berührung mit der Verantwortung, die ich auch für sie habe. „Der Hochmut ist eine Verleugnung Gottes, … eine Verachtung der Menschen … Er erzeugt Härte und Grausamkeit, weiß nichts von Mitleid und Barmherzigkeit" (239).

So ergeht die Mahnung an uns, herabzusteigen von unserem hohen Ross in die Niederungen des Lebens; demütig zu werden; die „Dürre des Herzens, in der die Liebe erstirbt" (239), die uns kennzeichnet, solange wir uns über andere und Gott stellen, zu bewässern mit unserer Liebe, die in uns und um uns zur Entfaltung kommt, wenn wir nicht länger abheben, sondern uns an den Stromkreis göttlicher Liebe anschließen, der uns zugleich mit unseren Mitmenschen verknüpft. „Der Hochmütige ist die äußerste Armut der Seele, während er sich reich dünkt und das Licht findet, wo dichte Finsternis ist" (243). Im Unterschied zum Demütigen, der „in seinem Herzen ein Licht hat" (243), das seinen Geist fortwährend erleuchtet.

Vertraue auf deine Fähigkeiten,
ohne überheblich zu sein
und Gott zu vergessen.

23. STUFE
Hüte dich vor der Versuchung

So wie der, welcher in einem Zimmer ist, die Worte der draußen Vorübergehenden hört, ohne mit ihnen selber zu reden, so vernimmt die Seele, die in sich selbst lebt, die Lästerungen, die der Teufel im Vorbeigehen an ihr ausstößt, wird aber dadurch nicht beunruhigt.

Manchmal erwecken die Ausführungen von Johannes Klimakus den Eindruck, hier liege ein Psychiatrie-Lehrbuch aus dem 7. Jahrhundert nach Christus vor. So beschreibt er bei dem Kapitel über die Gotteslästerung Phänomene, wie wir sie heute aus der Psychiatrie kennen. Da ist von „schändlichen Eingebungen" (248) die Rede, die nicht aus unserer Seele stammen. Es sind Einflüsterungen des Teufels, die vom Beten abhalten wollen, indem sie mit „teuflischen und scheußlichen Gedanken" auf uns einströmen. Psychiatrische Patienten berichten von solchen Erfahrungen, die ihnen das Leben – und da auch das religiöse Leben – zur Hölle machen.

Dann erzählt Johannes Klimakus eine rührende Geschichte von einem Mönch, der über viele Jahre von gotteslästerlichen Gedanken geplagt wurde und sich in seiner Not schließlich an einen erfahrenen Greis wandte. Der hob den Bruder, der sich vor ihm niederwarf, auf und sagte: „‚Mein Sohn, lege deine Hand auf mein Haupt.' Der Bruder tat es, und der Greis fuhr fort: ‚Über mein Haupt, mein lieber Bruder, komme die Sünde, solange sie dich gequält hat oder noch quälen wird. Befolge du nur diese eine Vorschrift, verachte die Sünde und kümmere dich nicht darum.' Durch diese Worte wurde der Bruder so gestärkt, dass die Krankheit verschwand, ehe er noch die Zelle des Greises verließ" (249 f.).

Johannes Klimakus, der sehr streng im Urteilen und auch Verurteilen sein kann, geht hier eher milde mit den Personen um, die den verwerflichen Einflüsterungen des Teufels zum Opfer fallen. Man sollte nicht über sie urteilen. Hier hat er vor allem die im Blick, die skru-

pulös und Zwangsgedanken ausgesetzt sind. Er empfiehlt ihnen, diesen Gedanken mit Verachtung zu begegnen.

Man darf diese Aussagen von Johannes Klimakus
über Gotteslästerung aber nicht nur in den Bereich des
Anormalen abschieben. Dahinter steht auch eine inter-
essante Beschreibung einer Urversuchung des Menschen: die Versuchung, sich an die Stelle Gottes zu stellen. Man will das ja nicht – so meint man. Und doch,
ehe man sich versieht, tauchen von innen und außen
Stimmen auf, die uns umgarnend und uns schmei-
chelnd unser Ego aufbauen. Und schon sind wir dabei,
uns aufzublähen. Meinen wir mit der Zeit, doch etwas
Besonderes zu sein, über ein Wissen zu verfügen, das
anderen vorbehalten ist, bis wir schließlich meinen,
Gott näher zu sein als andere, mit der Zeit vielleicht sogar Gott gleich zu sein.

Das aber ist in der Tat die größte Gotteslästerung.
Niemand ist davor gefeit, am meisten scheinen hier
aber jene gefährdet zu sein, die in spirituellen Angele-
genheiten an vorderster Front stehen, wenn sie vergessen, dass Gott alleine die Ehre gebührt; sie nur so lange
eine Bedeutung und Berechtigung haben, so lange sie
dazu beitragen, dass Menschen den Weg zu Gott finden.

Im Falle des skrupulösen Menschen, der ohne eigenes
Zutun von gotteslästerlichen Gedanken überschwemmt
wird, ist Milde geboten. Bei den Personen, die Gott läs-
tern, indem sie sich ihm gleichsetzen oder gar über ihn
stellen, wird erwartet und gefordert, den Versuchungen
im Angesicht zu widerstehen: „Weiche von mir, Satan,

den Herrn meinen Gott bete ich an." Wenn sie noch dazu in der Lage sind. Ansonsten bleibt es anderen vorbehalten, sie mit Liebe und Bestimmtheit auf den Boden der Wirklichkeit herunterzuholen.

Vergiss keinen Augenblick:
Gott ist größer als alles.

Sei sanftmütig

Wenn die Wissenschaft viele aufbläht,
so ist es ebenso wahr, dass die Einfalt
und die Unerfahrenheit die Menschen
demütig machen.

Johannes Klimakus stimmt ein wahres Loblied auf die Sanftmut an. Sie ist die Voraussetzung für die Demut, geht ihr wie die Morgenröte der Sonne voraus. „Die Sanftmut ist die Unveränderlichkeit der Seele, die sich bei Ehrbezeigungen und bei Beschimpfungen stets gleich bleibt" (251). Das erinnert an Mark Aurel, der sich als Vertreter einer stoischen Haltung erweist, wenn er wie folgt von der Unerschütterlichkeit der Seele spricht: „Die Dinge selber berühren in keiner Weise die Seele, noch haben sie Zugang zur Seele, noch können sie verändern oder bewegen" (1973,58 f.).

Doch bei einem genaueren Hinschauen zeigt sich, dass bei Johannes Klimakus noch etwas hinzukommt. So ist für ihn die Sanftmut „die Mutter der Nächstenliebe, ein Weg zur Verzeihung der Sünden, eine angenehme Wohnstätte des Heiligen Geistes" (252). Der sanftmütige Mensch ist mit sich selbst im Reinen. Er strahlt Herzensruhe aus. Er ist verankert in seiner Mitte, seiner Seele.

Der Sanftmütige ist sensibel und emotional berührbar. Er ist in einer gewissen Weise unverdorben, insofern er sich die Einfalt des Herzens bewahrt hat, „die keine böse Absicht kennt und eines schlechten Gedankens unfähig ist" (253). In den Augen der anderen, der Welt, mag er als Trottel erscheinen, der sich von den anderen ausnehmen lässt. Doch das kümmert ihn nicht. Was ihn kümmert, ist die Liebe, die schlichte, einfältige, selbstlose Liebe dem Nächsten gegenüber. „Die Sanftmut ist die Führerin der brüderlichen Liebe" (252).

In uns mag sich zunächst alles auflehnen gegen eine solche Einstellung, die unsere Überzeugungen von Selbstverwirklichung, seinen Mann, seine Frau zu stehen, sich abgrenzen und wehren zu können, auf den Kopf stellen. Und doch, ja, was? Ist der nicht „weiter", der „über alledem steht", wollte ich zunächst formulieren. Doch das ist missverständlich. Er steht nicht über alledem – er ist schon angekommen oder wieder dort angekommen, wo wir schon einmal waren. „Die schönste Eigenschaft der Kinder ist ihre Aufrichtigkeit und Einfalt, die kein Verstellen kennt, und solange sie Adam hatte, sah er die Blöße seiner Seele und die Schande seines Körpers nicht" (254). Den Kindern bleibt diese Einfalt erhalten, aber „viel seliger und ausgezeichneter ist jene" Einfalt, „welche wir nach mühseligem und beschwerlichem Kampfe" (254) uns selbst erworben haben. *Wieder* werden wie die Kinder!

So hat der Sanftmütige in der Regel schon einen langen Weg zurückgelegt, der ihn mit der harten Wirklichkeit in ihm und außerhalb von ihm konfrontiert hat, bis er schließlich (wieder) zu jener Lebenseinstellung findet, die die kindliche Einfalt, Naivität und Aufrichtigkeit in Weisheit umgewandelt hat. „Eine sanftmütige Seele" aber „versteht die Worte der Weisheit" (252), die von der Güte, von Großherzigkeit und einer Einstellung zum Leben künden, die alles auf den Kopf stellen, was anscheinend gängig, „in" und lebensnotwendig ist. Nicht umsonst nennt daher Johannes Klimakus die Sanftmut „eine Nachahmung Christi, eine Eigenschaft der Engel" (252).

Sei gütig.
Vertraue der Weisheit deines Herzens.

Sei demütig

*Die Buße weckt, die Trauer klopft
an die Tür des Himmels, aber die
heilige Demut öffnet ihn.*

"Niemand kann letztlich mit einem Schritte sämtliche Stufen einer Leiter hinaufsteigen" (269), schreibt Johannes Klimakus einfühlsam in seinem Kapitel über die Demut. Er weiß, dass es wohl ein Leben lang dauert, bis wir so weit sind, dass wir „ja" zu uns sagen können, uns anzunehmen vermögen und zugleich uns einreihen können in die Schar der Normalsterblichen.

Demütig sein heißt nicht, verknirscht zu sein, gedrückt, sich heruntermachend durchs Leben zu gehen. Demütig bin ich, wenn ich im Bewusstsein meiner Würde, meines Wertes von innen heraus lebe. Ich nicht das Verlangen habe, mir es nicht darum geht, „etwas zu bedeuten und Lob von den anderen Menschen zu ernten" (264). Meine Energie fließt dann nicht in Verhaltensweisen und Aktivitäten, die mich nach außen hin gut dastehen lassen. Vielmehr bleibt meine Energie bei mir. Und ich setze sie ein für die andern: „Liebe und Demut sind ein heiliges Schwesterpaar" (267).

Für Johannes Klimakus ist die Demut die „Königin der Tugenden" (260). Es ist die Haltung, die uns inneren Frieden und Ruhe schenkt. Weil wir uns dann nicht von außen her bestimmen lassen. Von dem, was um uns herum, in unserer kleinen und großen Welt geschieht. Sondern von innen heraus. Genauer von dem, „der in euch wohnt und euch erleuchtet und in euch wirkt". Er, Gott, von dem es heißt, „ich bin sanftmütig und demütig von Herzen in meinem Denken und Sinnen" (259).

Man mag sich fragen: Warum fällt es uns oft so schwer, zu dieser Haltung der Demut zu finden, wo sie uns doch so reich beschenkt? Denn, so Johannes Klimakus: „Wer mit dieser Braut als Bräutigam verlobt ist, ist sanft, gefällig, reuig gestimmt und barmherzig gegen andere, vor allem aber ruhig, heiter, gehorsam, folgsam, fröhlich, wachsam, unverdrossen – kurz er ist selig in der fortwährenden stillen Ruhe seines Geistes" (262). Es ist wohl zum einen zu verführerisch, im Mittelpunkt zu stehen, die besondere Beachtung anderer zu erhalten, zum anderen mühevoll, sich selbst für wertvoll und liebenswert zu erachten, dem wirklich zu trauen, dass ich der Liebe wert bin, einschließlich meiner Liebe mir selbst gegenüber.

Kann ich dieses grundsätzliche Ja zu mir sagen, muss ich es nicht ständig von den anderen hören. Ich kann dann auch das Ja Gottes zu mir in mich hineinlassen, in mein Herz, in mein Innerstes, so dass es sich in mir ausbreiten kann. Johannes Klimakus spricht davon, dass die Demut die Tür zum Himmel öffnet (263). Meine Demut öffnet auch die Türen meines Herzens und meiner Seele, so dass ich jetzt schon etwas vom Himmel in mir verkosten darf. Die Demut macht mich im Bewusstsein meiner „eigenen Gebrechlichkeit" (267) sensibel für mein Angewiesen-Sein auf Gott und seine Präsenz in mir. Ich suche dann nicht länger außerhalb von mir, was ich nur in mir und dort in meiner erfahrenen Verbundenheit mit Gott finden kann.

So ist die Demut „das Werkzeug des Himmels, welches die Seele aus dem Abgrund zum Himmel erheben kann" (273). Als jemand, so schließt Johannes Klimakus sein Kapitel über die Demut, einst die Schönheit der Seele in seinem Herzen angeschaut hatte, „war er vor Entzücken außer sich und bat sich die Gnade aus, den Namen ihres Vaters zu lernen. Da strahlte aus ihrem liebevollen Antlitz ein holdseliges Lächeln und sie sprach: Meines Vaters Namen wünscht du zu erfahren, da er doch keinen hat, ich sage ihn nicht eher, als bis du Gott besitzest. Ihm sei Preis in Ewigkeit. Amen" (273).

Nimm dich an.
Mache deinen Wert
nicht von äußeren Dingen abhängig.

Erspüre Gottes Willen

*Nächst Gott müssen wir in allen
Dingen unser Gewissen zur Regel und
Richtschnur unseres Handelns machen,
damit wir wissen, woher der Wind
weht, und unsere Segel darnach stellen
können.*

Sehr ausführlich beschäftigt sich Johannes Klimakus mit der Frage der Unterscheidung, die er als „die wahrhafte und zuverlässige Erkenntnis des göttlichen Willens zu jeder Zeit und an jedem Ort" (276) bezeichnet. Diese Begabung besitzen nur jene, „welche rein und unbefleckt sind an Herz und Körper und Mund" (276). Den Weg zu dieser reinen Erkenntnis vergleicht er mit einer Fahrt „auf einem furchtbaren und schrecklichen Meere, wo Klippen und Strudel, Sandbänke, Räuber, Untiere und Wasserrosen und entsetzliche Wogen und Stürme in Hülle und Fülle sind" (279).

Um Gottes Willen erkennen zu können und danach zu handeln, und das rechtzeitig, müssen wir uns frei machen von allem, was uns daran hindern könnte, Gottes Willen zu erkennen und zu erspüren. Wir müssen bis auf den Grund unserer Seele stoßen, um dort aus den Regungen unserer Seele Gottes Willen zu erspüren. Das heißt, wir müssen unsere Vorurteile ablegen, ja selbst unserem eigenen Willen entsagen, vor allem aber unsere so schwer zu zügelnde Leidenschaft und Tendenz, uns in den Mittelpunkt zu stellen, hinter uns lassen.

Wenn dann „die Luft frei ist, dann sehen wir das helle Sonnenlicht" (298). Unsere Seele schaut das „göttliche Licht". Ja, „wer vollkommen gereinigt ist, der schaut in die Seele des Nächsten und sieht, wie sie beschaffen ist" (298). Neben den Engeln, so Johannes Klimakus, ist das Schauen der Seele aber „das Schönste, was wir uns denken und vorstellen können" (299).

Wenn wir unserer Seele die Führung überlassen, haben wir am ehesten eine Gewähr dafür, dass wir Gottes Willen folgen. „Die Seele hat einen eigentümlichen unmittelbaren Sinn, der ihr ansagt, was Sünde ist, und auf Abstellung oder Verminderung des Übels dringt. Dieser Sinn, den wir Gewissen nennen, ist der Zuspruch und die Mahnung des Schutzengels, dem wir bei der heiligen Taufe anvertraut sind" (327).

So ist die Gabe der Unterscheidung „die Folge eines unbefleckten Gewissens und eines durch und durch geläuterten Sinnes" (276). Gewissen aber, sagt das 2. Vatikanische Konzil und weist damit einer großen Nähe zu den Gedanken des Johannes Klimakus auf, „ist die verborgenste Mitte und das Heiligtum im Menschen, wo er allein ist mit Gott, dessen Stimme in diesem seinem Innersten zu hören ist. Im Gewissen erkennt man in wunderbarer Weise jenes Gesetz, das in der Liebe zu Gott und dem Nächsten seine Erfüllung hat" (Rahner/Vorgrimler 1974,462). Manchmal freilich lässt Gott „in wunderbarer Vorsicht", so Johannes Klimakus, „uns seinen Willen nicht sehen, weil er weiß, dass wir ihn nicht erfüllen würden, wenn wir ihn kennen lernten, und so noch mehr Sünden anhäuften" (303).

Hier herauszufinden, was Gott von mir will, herauszufinden, was gut und was schlecht ist, das erfordert vor allem und zuallererst, mich aufzumachen in meine Tiefe, meine Seele, den Ort, wo ich mich Gott nahe wähne. Dafür muss ich alles auf die Seite rücken, was mich davon abhalten könnte. Bis ich schließlich tief in mir die Freude meiner Seele empfinde und wahrnehme, die, so Johannes Klimakus, ihren Grund haben kann „in einem inneren geistigen Blick, in einem Wort, das man hört, und in eigener, innerer Erregung, in der Einsamkeit, in der wir leben … Und außerdem gibt es noch eine ganz besondere

Freude, welche die Seele empfindet, wenn sie im Lichte des Schauens auf geheime und unaussprechliche Weise Christus nahe ist" (309).

Folgen wir Gottes Willen, ist unser Lohn „geistige Ruhe", weil wir dann reinen Herzens sind. Jetzt werden wir „Gott schauen, ihn loben und ehren in Ewigkeit. Amen" (327).

Lausche in deine verborgene Mitte,
um Gottes Willen zu erkennen und zu erfahren.

27. STUFE
Glaube

Fester Glaube ist eine Lebensbedingung
für die in Ruhe Lebenden; wie könnte
jemand fest ruhen, wenn er nicht
glaubt?

Wir nähern uns dem Ende auf der Leiter, deren Stufen uns zum Paradies führen. Diesem Paradies sind wir nahe, wenn wir auf unserem spirituellen Weg die Herzensruhe erlangt haben. Dann sind wir in der Lage, alle „zerstreuenden Beschäftigungen, mögen sie geistiger oder körperlicher Art sein" (340), liegen zu lassen. Dann walten nur noch „unverdrossenes Gebet und endlich die gesammelte, innere Tätigkeit des Herzens".

Die Ruhe, die wir dann erlangen, „ist das Aufhören aller Sinnentätigkeit und Ablegung aller Sorgen des Geistes, die auf Irdisches gehen" (341). Freilich setzt das voraus, bedingungslos Gott zu trauen, darauf zu vertrauen, dass er für uns sorgt. „Wer deswegen mit reinen Sinnen vor Gott hintreten will und sich von Sorgen beunruhigen lässt, der gleicht einem Menschen, der sich schwere Fesseln anlegt und so rasch gehen will" (341).

Die Herzensruhe ist für Johannes Klimakus „ein fortwährendes gesammeltes Gebet vor Gott. „Mache, dass das Andenken an Jesus unzertrennlich mit deinem Geiste verbunden ist, dann wirst Du erkennen, welchen Segen die Ruhe bringt." Wer das erfahren hat, wer „die Süßigkeit Gottes" verkostet, der weiß, der hat erkannt, welch unschätzbaren Wert ihm in der Erfahrung dieser Seelenruhe beschert wird."

So ist es letztlich der Glaube an Gott und sein Wirken, der uns die ersehnte Ruhe schenkt, die Ruhe der Seele, aber auch die Ruhe unseres Leibes. „Fester Glaube ist eine Lebensbedingung für die in Ruhe Lebenden; wie könnte jemand fest ruhen, wenn er nicht glaubt?", fragt Johannes Klimakus. Die Rastlosigkeit, die unser Leben anscheinend zunehmend beherrscht, ist aus dieser Perspektive gesehen auch Ausdruck unseres mangelnden Vertrauens auf Gott. Und es kann ja auch ungeheuer schwer sein, mich bedingungslos Gott anzuvertrauen, ohne Wenn und Aber, sich ihm und seiner Sorge einfach zu überlassen.

Ob wir jemals da hinkommen werden? Da habe ich meine großen Zweifel. Vielleicht, aber nur vielleicht, am Ende unserer Tage. Dann, wenn wir eine Ahnung davon erhalten, was das meint, die Seligkeit Gottes zu verkosten, ganz in ihm zu ruhen.

In einem Gespräch zwischen dem Fernsehmoderator Günther Jauch und dem Glücksforscher Gerhard Schulze heißt es am Schluss:

Jauch: „Ich finde, dass Religion etwas sehr Tröstendes hat. In Momenten, in denen man kreuzunglücklich ist und sich von der Welt verlassen fühlt, mit einer höheren Instanz zu kommunizieren, bei der man durch den Glauben die Gewissheit hat, die liebt mich, die sieht mich als einzigartig an, die hält ihre schützende Hand über mich und sieht einen Sinn in allem, was ich tue und was mir widerfährt – das ist eine große Hilfe."

Schulze: „Meine Mutter hat mir mit einem Traum beschrieben, wie das für sie ist zu glauben. Sie träumte, sie liegt in einer großen Hand" (2009,30–34).

Glaube und vertraue Gott.
Dein Leib und deine Seele werden es dir lohnen.

Bete

Das Feuer, das vom Himmel in das Herz kommt, entzündet das Gebet, ist es aber so entzündet und in den Himmel aufgenommen, so steigt von neuem die himmlische Flamme in die Wohnung des Herzens.

Immer wieder hat Johannes Klimakus bei der Beschreibung der einzelnen Stufen auf dem Weg ins Paradies die
Bedeutung des Gebetes herausgestellt. Jetzt widmet er
dem Gebet ein eigenes Kapitel. Man hat den Eindruck,
dass er um die richtigen Worte ringt, die geeignet sind, die
Königin der Tugenden, wie er das Gebet nennt, angemessen zu beschreiben: „Das Gebet ist seinem Wesen nach die
Vereinigung der Seele mit Gott" (342), beginnt er bei seiner Beschreibung, um dann die mannigfaltigen Wirkun-
gen und Früchte, die daraus hervorgehen, aufzuzählen.
Dazu gehören die Reinheit der Seele, die Sammlung des
Geistes, die Versöhnung mit Gott, die Quelle der Tränen,
eine Schutzmauer gegen Trübsal, die Freude der Ewigkeit,
der Schatz der Gnaden, die Nahrung der Seele, die Er-
leuchtung des Geistes, die Verbannung der Verzweiflung,
der Beweis unserer Zuversicht, der Trost unserer Trauer,
das Heilmittel des Zornes, der Beweis der göttlichen
Barmherzigkeit (vgl. 349 f.).

Wenn man das liest, ernst nimmt und auf sich wirken
lässt, wird einem so richtig bewusst, welch ein Schatz,
welch ein Reichtum uns mit dem Gebet gegeben ist.
Und – was wir uns vergeben, wenn wir auf das Gebet verzichten.

Im Beten schließen wir uns an Gott an. „Was kann er-
habener sein, als Gott anzuhangen und im Gebete fortwährend bei ihm zu verweilen?" (356), fragt Johannes Klimakus. Darum geht es in erster Linie: Durch das Gebet in
ständiger Verbindung mit einer höheren Macht, Gott, zu
bleiben. Daraus erwächst jene Seelen-Ruhe, von der Johannes Klimakus immer wieder spricht. Die hat erreicht,
„wer Gott in seinem Herzen hat" (357). Habe ich aber Gott

in meinem Herzen, muss ich mir keine Gedanken mehr machen, was ich bete, dann betet, fleht der heilige Gott in mir.

Unsere Aufgabe ist es, indem wir uns immer wieder im Beten an den göttlichen Kreislauf anschließen, dafür Sorge zu tragen, dass der Austausch mit Gott nicht unterbrochen wird. In welcher Form das geschieht, ist uns überlassen. Die einen tun das mit vorformulierten Gebeten, andere wieder beschränken sich auf wenige Worte (1 Kor 14). „Brauche in deinen Gebeten keine gewählten Worte; eine kindliche Sprache, einfach und rein, wenn auch stammelnd, versöhnt mit dem Vater, der im Himmel ist. Strenge dich auch nicht an, viel zu sagen, wenn du nach Wörtern suchst, wird dein Geist nur zerstreut" (351 f.).

Die einen beten zusammen mit anderen, andere alleine. Manche verbinden mit dem Beten bestimmte Bilder und Vorstellungen, andere sind frei davon. „Fühlst du bei einem Wort des Gebetes einen besonderen Trost oder eine besondere Verknirschung, so bleibe dabei stehen, denn dann betet dein Schutzengel mit dir" (352), empfiehlt Johannes Klimakus.

Für Johannes Klimakus ist ein Leben ohne Beten nicht vorstellbar. Es gehört zum Leben wie die Luft, die wir einatmen, oder das Essen und Trinken. Es ist Nahrung für unsere Seele, ohne die unsere Seele verhungert. Wir wissen heute, wie positiv und heilend Beten sich auf unsere seelische Gesundheit auswirkt, wobei es vor allem die im Beten zum Ausdruck kommende erfahrene Verbindung mit einer höheren Macht, mit Gott, ist, die sich als heilend erweist. Dazu genügt eine absichtsfreie, nicht mit bestimmten Bildern verbundene – sosehr sie auch sein dürfen – Hinwendung an Gott, die sich von der Sehnsucht nach Gott beflügeln lässt. „Mein Glück und meine Sehnsucht ist es, Gott anzuhangen und auf ihn die Hoffnung meiner Ruhe zu setzen. Das gläubige Vertrauen ist der Flügel des Gebetes, ohne welchen es sich nicht zum Himmel erheben kann" (355).

Verknüpfe dich im Beten
mit Gott

Überlasse dich der Kraft, die dich zum Himmel führt

Siehe, wir sind in einem tiefen
Abgrunde der Unwissenheit, umnachtet
von Versuchungen, und sitzen im
Schatten des Todes dieses Körpers und
sind doch so verwegen und so kühn, von
dem Himmel auf Erden zu sprechen.

Knapp vor dem Ende des Aufstiegs auf der Leiter zum Paradies kann sich Johannes Klimakus nicht mehr zurückhalten. Die Seelenruhe, die wir jetzt erreicht haben, ist „nichts anderes als der Himmel im tiefsten Innern des Geistes", ja es ist „der Himmel auf Erden" (362). Weiter meint er: „Einige erklären diese heilige Ruhe für eine Auferstehung der Seele vor der Auferstehung des Leibes, andere für eine vollkommene Erkenntnis Gottes, die der der Engel nicht nachsteht" (363).

Hier bricht die ganz andere Sichtweise von Leben und Lebenseinstellung durch, die so kennzeichnend ist für Johannes Klimakus: Den Himmel auf Erden, das Paradies auf Erden kosten wir, wenn wir uns den Kräften überlassen, die uns zum Himmel, zu Gott, führen. Wir finden ihn nicht in der Befriedigung unserer Triebe. Für mich heißt das nicht, unserer Triebe zu entsagen, es heißt nicht, auf Essen und Trinken oder Sex zu verzichten. Es heißt: sich nicht der Illusion hinzugeben, *dort* und *darin* die Erfüllung zu suchen und zu erwarten.

Erfüllung erfahren wir, den Himmel auf Erden dürfen wir jetzt schon verkosten, wenn wir uns von unserer Sehnsucht nach Gott treiben und anziehen lassen. Um mit Johannes Klimakus zu sprechen: „Wann komme ich, wann erscheine ich vor dem Antlitz des Herrn? Denn ich kann die Kraft und Gewalt meiner Sehnsucht nach dir nicht mehr ertragen, mich verlangt nach der unsterblichen Schönheit" (365).

Man möchte sich am liebsten gleich jetzt schon von dieser Sehnsucht davontragen lassen, um dann aber sogleich zu merken, wie viele Hindernisse sich dabei auftun, wie sehr wir natürlich verhaftet sind in unseren Gewohnheiten, Vorlieben, Abhängigkeiten. Dennoch bleibt da die Sehnsucht, aus alledem mehr und mehr herauszukommen, sich davon zu befreien oder befreit zu werden. Ja, die Sehnsucht nach dieser „heiligen Ruhe", der Königin aller Tugenden.

Dahin zu kommen – Johannes Klimakus vergleicht sie mit einem Königspalast – ist ein lebenslanges Unterfangen, das uns, wenn überhaupt, nur ab und zu, bruchstückhaft gelingen wird. Wir werden den Ratschlag des Johannes Klimakus berücksichtigen müssen, wenigstens zu versuchen, einige der Häuser, die sich in der Nähe des Palastes befinden, zu erreichen oder, wenn uns auch das nicht gelingt, innerhalb der Palastmauern Unterkunft zu finden. Wir müssen immer wieder versuchen, die Mauern zu durchbrechen, die uns daran hindern, uns statt von unseren Trieben von unserer Sehnsucht treiben lassen. „Von meinem Gotte gekräftigt, werde ich die Mauern übersteigen" (366).

Wer es geschafft hat, die Mauer zu überwinden, „der hat, obwohl er noch auf dieser Welt wohnt, Gott selber, der in ihm wohnt, bei allen seinen Worten und Taten und Gedanken zum Führer und Lenker" (365). „Diese letzte und vollkommenste Stufe heiligt den Menschen so sehr und zieht ihn so von allen irdischen Dingen ab, dass sie den, der diesen Hafen der Seligkeit erreicht hat, in der Entzückung des Geistes in den Himmel zur Auferstehung Gottes erhebt" (363).

Überlasse dich den Kräften des Himmels
und du erfährst den Himmel, Gott, in dir.

Glaube, hoffe, liebe

> *Die Liebe ist in ihrer Beschaffenheit die*
> *Ähnlichkeit Gottes, soweit sie in den*
> *Menschen erreicht werden kann.*

So, nun habe ich alles gesagt. Nur noch ein paar Worte will ich sprechen über den Glauben, die Hoffnung und die Liebe, mit denen alles Übrige in der engsten und unauflöslichsten Vereinigung und Verbindung steht" (368).

Wir sind am Ende angelangt. Jetzt möchte man in Jubel ausbrechen. Endlich. Doch so leicht und so schnell stellt er sich nicht ein. Auch weil wir natürlich längst noch nicht angekommen sind. Das wird erst geschehen, wenn wir ganz heimgegangen sind. „Ehe du, treue Freundin, von diesem sinnlichen Körper befreit bist, kannst du meine eigentliche Schönheit nicht erfassen" (374), flüstert die Königin der Tugend der Seele zu.

Angezogen von unserer Sehnsucht nach Gott, sollen wir die Leiter zum Paradies besteigen, um auf dem Weg zu Gott ihm ähnlich zu werden. Das aber heißt, immer mehr in Liebe zu wachsen, der „Quelle des Glaubens" (369), unterstützt durch die Hoffnung, die „Kraft der Liebe" (372). Denn die Liebe „ist nach ihrer Beschaffenheit die Ähnlichkeit Gottes, soweit sie in den Menschen erreicht werden kann" (369). Wenn wir in der Liebe wachsen, indem wir die Tugenden pflegen, die uns auf unserem Aufstieg begegnen, werden wir immer mehr des Angesichtes Gottes gewahr, der dabei in unsichtbarer Weise in die Seele kommt.

Wir werden verwandelt. „Wenn der Anblick des geliebten Freundes uns in Wahrheit ganz umändert, uns heiter und fröhlich stimmt und allen Kummer vergessen lässt, was wirkt erst das Angesicht Gottes?" (371), fragt Johannes Klimakus. Wenn schließlich der „ganze Mensch mit der göttlichen Liebe vereinigt ist und, sozusagen, in ihr aufgeht, dann tritt auch äußerlich an seinem Körper die Klarheit in Heiterkeit seiner Seele zu Tage, die sich in ihm gleichsam abspiegelt" (371).

Es ist letztlich die Sehnsucht nach dem Himmel, die Sehnsucht nach Gott, die uns motiviert, leitet, uns anfeuert auf unserem Aufstieg zum Paradies. „Deswegen sagte der, welcher nach Gott verlangt: Es dürstet meine Seele nach Gott, dem lebendigen Quell" (371).

Diese Sehnsucht wird genährt, so Johannes Klimakus, durch das himmlische Feuer, das freilich – und darin mag ich mich von ihm unterscheiden – des menschlichen Feuers bedarf, um zumindest solange wir auf der Erde sind, als Sehnsucht am Leben erhalten zu bleiben. Obwohl, ganz so fremd ist ihm der Gedanke nicht, wenn er schreibt: „Selig der Mensch, der von solcher Liebe zu Gott erglüht, wie ein sündhafter und toller Liebhaber gegen das Weib entbrennt, das er liebt" (370).

Es ist die Ausrichtung unserer Energie, unserer Kraft, von mir aus auch unserer Triebe, um die es geht. Es kann nicht darum gehen, sie auszumerzen. Das wäre fatal. Es geht darum, angezogen vom Himmel, von Gottes Antlitz, die Leiter zu besteigen, die uns SEINEM Antlitz näher bringt, die auf dem Gipfel, am Ende uns erwartet. „Sie wird mit Recht Gott genannt" (368).

Übung

Stelle dir, vor allem wenn dir der Aufstieg auf der Leiter zum Paradies schwerfällt, das lächelnde Antlitz Gottes vor, das dich am Ende der Leiter empfängt. Schließe dabei die Augen und lasse dich stärken und ermutigen durch Gottes Antlitz. Spüre die Kraft, die dich von dort aus anzieht, dich unterstützt bei deinem Aufstieg. Spüre diese

Kraft als eine Gegenkraft zu den Kräften und Strebungen in dir, die dich nach unten ziehen wollen, die dir einflüstern: „Lass dich gehen!" Die dich mitunter auch verführen wollen. Spüre die innere Freude, die davon ausgeht, die sich in dir breitmacht, wenn du dich nicht verunsichern lässt, sondern mit Blick auf das lächelnde Antlitz Gottes eine Stufe weiter nach oben gehst, auch wenn es dir Mühe macht, du meinst, es nicht mehr zu schaffen.

Zum Schluss

An welcher Stelle nun Jakob dich auf der Leiter erblickt hat, das möchte ich wissen. Sage mir, der ich von Herzen es gerne wissen möchte, wie und auf welche Weise man zu dir hinaufsteigt, welches der kürzeste Weg ist, auf dem dein eifriger Jünger wie auf den Stufen einer Leiter in seinem Herzen sich zu dir erhebt? Auch verlangt mich gar sehr, zu wissen, wie viele solcher Stufen es gibt, und wie lange es dauert, ehe ich sie alle erstiegen habe?

Denn Führer geleiten uns zu dir, das hat uns der verkündet, der dich geschaut und mit dir gerungen hat, wenn er auch über das Andere sich nicht deutlicher aussprechen konnte oder wollte. Bei diesen Fragen schaue ich die Königin der Tugenden im Himmel und sie steigt herab und flüstert meiner Seele die leisen Worte zu:

Ehe du, treue Freundin, von diesem sinnlichen Körper befreit bist, kannst du meine eigentliche Schönheit nicht erfassen. Die Leiter sei Dir der Beweis, dass es eine geistige Zusammenfügung der Tugenden gibt und auf dem Gipfel derselben throne ich, wie denn von mir jener große Kenner der Geheimnisse Gottes sagt:

Nun aber bleiben der Glaube, die Hoffnung und die Liebe, diese drei, die größte aber unter ihnen ist die Liebe."

Johannes Klimakus (374)

Literatur

Mark Aurel: Selbstbetrachtungen, Stuttgart 1973

Eudes Bamberger: in: Morgan C. Atkinson: Soul Searching. The Search of Thomas Merton, Collegeville 2008

Edward L. Beck: Soul Provider. Spiritual Steps to Limitless Love, New York 2007

Benedikt XVI.: Deus caritas est. Gott ist die Liebe. Enzyklika, Augsburg 2006

Johannes Climacus: Die Leiter zum Paradiese. Oder: Worte des Lebens, wodurch eifrige Seelen zur christlichen Vollkommenheit geleitet werden, Regensburg 1874

Romano Guardini: Vom Sinn der Schwermut, Mainz 2003

Anthony de Mello: The Song of the Bird, Garden City, New York 1984

Anthony de Mello: Awareness. The Perils and Opportunities of Reality, New York 1990

J. Philipp Newell: Echo of the Soul. The Sacredness of the Human Body, Norwich 2000

Gerhard Schulze: Glück ist anstrengend, in: Chrismon. Das evangelische Magazin, Juni 2009,30–34

Karl Rahner/Herbert Vorgrimler: Kleines Konzilskompendium, Freiburg 1974

Pierre Teilhard de Chardin: Eine heimliche Liebe, Lucile Swan und Teilhard de Chardin, Freiburg 2005

Irvin D. Yalom: Existentielle Psychotherapie, Bergisch Gladbach 2005